신, 탐라순력도 참고도 - 김경수 화백

신, 탐라순력도

지은이 김병심
펴낸이 박경훈
펴낸곳 도서출판 각

초판 인쇄 2013년 11월 12일
초판 발행 2013년 11월 17일

도서출판 각
주소 (690-809) 제주특별자치도 제주시 삼도2동 108-16 2층
전화 064 · 725 · 4410
팩스 064 · 759 · 4410
등록번호 제80호
등록일 1999년 2월 3일

ISBN 978-89-6208-096-4 03810

값 8,000원

김병심 4통 팔달

신, 탐라순력도

도서출판
GAK

추사에게

문희에게

신, 탐라순력도를 그리고 싶었다.
탐라의 역사를 재해석하는 시집을 짓는 동안,
지키고 맥을 잇는 사람들과 비상구에 앉아 활공하는 나의 배후는
여신과 장두부터 피안의 실크로드이다.
누군가 다시 배턴터치를 하려고
무럭무럭 탐라의 씨앗으로 자라고 있을 테니,
이즈음에서 하늘과 땅과 사람을 쳐다보며 절을 한다.
내가 이룬 것이 아니라 저들의 눈과 귀와 입을 잠시 빌려 썼으므로,
감사드린다.

2013. 11.

김병심의 4통팔달

신, 탐라순력도

1부

2부

3부

4부

1부

검은 여자

- 마라도 할망당

울다 지쳐 돌이 된 여자, 애기업개를 붙잡고
입을 다문 한 시절, 갈증의 나날

살결 짜디짠 마라도, 무색천의 관 속에
바다는 뿌리내려 검은 여자를 낳았지

숨 탄 천년의 숲, 꽃으로 피지 못한 금단의 땅
죽어서 나이 먹는 소녀에게 간절히 붙잡히고 싶던 곳, 어머니의 결

관곶

당신이 오신다는 소식에
조천포구로 달려가다가 문득,
여기 남몰래 섰지요
나를 찾을까 하는 마음으로 섰다가
나를 잊었나 조바심으로 돌아섰지요
손잡고 웃고 있는 누군가와 함께 올까
포구가 보이는 울둘목에서 샴쌍둥이가 갯바위로 솟고
강진에서부터 당신 소식 실어온 사금파리 한 조각
무둑한 사랑을 흔들며
나를 묶어 놓는 정표
마냥 뾰족한 거울 가루의 포말
물에 잠긴 발톱 끝
시린 사랑이 몸을 끌고
아직, 몰래 기다리는 물코 버선

동광 육거리, 이장묘를 지나

버드나무 세 그루 밑에서 계란 세 개를 꺼낸다
눈 없는 계란에게 무등이왓 불에 탄 곡식을 조금씩 벗겨 냈다
화전터, 캄캄한 잿더미 속에서 헛묘의 놋수저가 무슨 소용이더냐
나는 아무것도 못 봐수다
미곡정책의 잘못을 규탄하느라 큰넓궤로 피했던 사람들,
결 7호 작전의 빗질작전에 총받이로 살던 곳
귀 없는 계란에게 칭얼대는 민무늬 그릇소리 받으나 마나
나는 아무것도 못 들언
4·3 난리통에 돼지 먹이로나 살던 인생이 울음으로 퇴적한 곳에서
오래전 냄새, 지층의 무늬로 흘러 나왔다
말 ㄱ를 줄 모르는 물토새기우다
공포의 모습으로 쳐다보는 계란은
닫힌 것들이 역류한 화병火病의 냄새를 지우지 못했다
여물 없는 변방의 땅,
외세에 잘근잘근 씹힌 원형의 껍질이 나무를 흔들고 있다
나무 밑, 부화한 사람들은 어디로 갔을까

괸당 우습게 여기는

외방사람은 줄을 대는 집권당에 대해서 늘상 떠들지만 나는 금 밖으로 달아날 수 없는 괸당에 대해서 말하고 싶은 거야. 나라를 통째로 움직일 임금은 없어도

잔칫집 널브러진 신발을 피해 부엌 챗방에 들어서기라도 한다면 삼춘들 귀와 바람든 틀니 사이로 더듬이가 생기지. 굽가르는 소리는 늘 습관처럼 귀를 아프게 하고 달팽이관을 빠져나온 누게네집 똘년은 돈 하영 벌어서라, 게매 며느리도 경헐건가 마씸. 사돈의 팔촌을 넘어 돌담을 이어 벌써부터 새각시 눈에 새미물로 흐르지

섬 속에서 우울하다면 괸당을 찾을 때, 인맥의 돌을 쌓아 흑룡만리가 되어야 외방소리 사그러져 정낭을 걸치지 않고도 살 수 있는 거라

깃의 정원에 꽃들이 피었다 맺히는 잔치집 괸당의 발, 담뱃불이 피시식 신발창에 짓눌리면 양복 입은 소나이들의 마을 얘기, 정치 얘기가 엮이고 줄이 되는 거라

외방에서 온 당신은 섬 속의 괸당을 싸잡아 욕을 하지. 가만히 등

기대어 직장을 구하고 술과 밥을 얻어먹으면서 무지한 섬의 구조를 논하고 괸당철폐를 대안으로 내놓지. 괸당 손바닥에 지문을 보며 뱅뱅 감장 돌면서

구상나무를 보내며

관음사에서 목을 맨 나무를 생각한다
하얀 박제가 되었다, 황홀한 몸짓
열정의 빠알간 구두
자작나무 음악회처럼 소박한 나무그늘에서 노래하다 죽으리라

살아 백 년, 죽어 백 년이다
옹이진 이별이 아프다

저, 옹이진 사랑 그게 뭔데,
내 다시는 꽃을 피우지 않으리라
나이 든 상처에는 후시딘도 잘 듣지 않는지
새로운 흉터, 한해 한해를 견뎌낸 흔적
손사래를 친다
뱃속 태아 같은 잎사귀
꿈틀거리는 밤마다 예불소리
한 줄기 별똥처럼 발길질하다 떨어진다

목탁소리가 하늘을 가로지르면
그대 붉게 살찌던, 그해 가을

낙엽처럼 차곡차곡 쌓인 사랑한다던
말과 글자 속살속살
몰려들어 낙엽 속에서 뿌리를 다린다
사랑 깃들지 않아 입을 다문 나를 보시하듯
합장한 나무들까지 그렇게 숨을 죽이고 있다

열반에 든 그리움의 詩 애가 탄다

낭그늘, 둥글게 말아

- 자리왓에서

오래전 먼저 떠난 어멍처럼
4·3 난리통 흙먼지에 뒹굴던 마을, 포대기에 들쳐 엎고
어떵 되엄신가 마을 밖 서성대던 팽나무

강씨, 문씨 집안이
지팡이 짚은 지 오랜 왕 하르방 족보까지
양배추밭으로 청보리밭으로 갈아엎어졌어

어디선가 몹쓸 바람이 분 거여
난리가 다시 터진 모양이여

인기척 끊긴 마을
산담 너머 더욱 숨죽이는 목소리
누가 들을까 나부죽 엎드린 봉분들

자식새끼마저 깃들지 않는 올레가 무슨 소용이냐
괜히 올레 끝까지 불 밝히던 마지막 자리왓의 후예
어머니 따라 허정허정 떠나는 길
붉디붉은 땡볕 황토길

배웅 나온 팽나무
두 손 둥글게 둥글게 말아 아버지 머리에 월계관 씌워주었지

대나무꽃

법화사 연못에서 연꽃을 구경하다 문득

죽기 전 한 번 꽃을 피운다지
그 호들갑에
수장首長 몇 모가지 피었다 떨어지고
아, 그래 4·3 때도 그랬다고 했어
변고의 계절
혈육마저 끊고 싶었던 보릿고개가 이 봄볕처럼
질리도록 길게 누워 있었다지

십 년마다 남자의 등을 바꿔 안았어
붉게 피워야 꼭 꽃이 아니야 흰 꽃도 그리 나쁘지 않아
연꽃보다 저 대웅전 뒤 대나무꽃에 자꾸 눈이 가
하루를 육쪽 마늘처럼
마른 등짝 쪼개느라 왁왁한 중년의 매콤한 써클 써클

연꽃이 제일 아름다워
대나무꽃은 숭시여

한눈팔던 허리춤 끌어당기시던 어머니의 호통소리
길을 막아선 대웅전의 죽비소리
눈이 번쩍한다

동자복 곁을 스치듯

갯내음 따라 산지천 발길 닿을 때마다
몸이 먼저 간지럽다
무엇일까 내 몸이
만삭으로 부풀어 아들을 잉태하듯 해신의 거친
꿈속에 노닐던 열 달, 무슨 일이었을까
출가한 해녀, 어머니를 부산 영도에서 공렬토기로 만졌던 일
구로시오 해류 따라 오키나와 작은 술집에서
흑돼지 굽는 냄새로 흐느꼈던 일
백중의 달 높던, 시차를 견디며 상처가 키우던 눈물을
어물포 갈매기에게 내주던 그날들
만덕의 객주로 내려가며 그늘로 살았던 장수가
벙거지 쓰고 바라보는 부두가 외롭다
한 시대를 함께하지 않았으니
가슴만 사무치는 그리움 동그랗게 접어
동자복 손등에 포개어 본다
용왕신이 우리에게 시차를 바꾸어 살게 한 까닭
구멍 숭숭 뚫린 현무암을 짚으면 아는 듯도 하여
해마다 웃음만 보태어 동자복 곁을 스치듯 지나간다
날개 잘린 겨드랑에 인두 자국이
자꾸 내 속을 긁어대던 장수, 그 사내

모슬포, 유채꽃 흐드러져

온 나라가 황달에 걸려 누렇게 뜬
밤낮없이 사이렌에 쫓기던 시절
유곽에서 옷고름 풀었네
마른 젖으로는 회 앓는 아이들 배를 채울 수 없었네

솥단지 자리마다 거미줄 어지러워
놀음판에서 개평도 건지지 못한 바람처럼
유곽 나간 쉬잇, 과부 딸년
가래침처럼 때 절은 유리창 사이로 기다리던 아버지
그르렁거렸네, 휘어진 손끝엔 한숨 전 니코틴이

오염된 링거로 영양제 맞던 모래의 곶
바람마저 빨간색으로 개칠되어 허랑하게 떠돌던 시절
산으로 올라간 그이는 소식 끊긴 지 오래고
정절 따위가 무슨 소용이 있었겠는가

더럽다며 침 퉤퉤 뱉던 대정현 성밖 유곽에
지금은 말하는 꽃 피었네, 임자 없는 꽃 흐드러지네

미란 씨 잔칫날

동거하며 모아둔 적금통장 깨고
농번기 피해 식 올리는 미란 씨

레드카펫 밟고 웨딩드레스 긴장한 얼굴
긴 주례사 사이로
스프링클러 속 감자밭이 자꾸만 아른거린다
여동생 둘 남동생 하나 학비 걱정 이번에 끝났다

한껏 멋 부리고 읍내 결혼식장 나타난 삼춘*들
빨간 입술 루즈가 번들번들하다
아이들 훌훌 떼어놓고 아가씨처럼 꽃단장한 미란 씨 동창들
구릿빛 얼굴 머리 벗겨진 서른 중반의 신랑 친구들
오늘만큼은 눈빛 교환이 심상치 않다

김녕서 살던 안씨 집 큰딸 미란 씨
늙은 홀아버지 손에 이끌려
고씨 집으로 시집가던 날

* 삼촌

비양도

동티가 나서 세 살부터 다섯 살까지 두 눈이 멀어버린 그 사람*이
어머니가 땔감으로 변소 옆 나무를 베어버려
아버지, 새벽마다 용천수를 떠다 빌어 두 눈 뜨게 해줬다는 그 사람이
한림에서 농약방 하며 늦은 나이에 시 쓰는 즐거움에 빠진 그 사람이
팔랑못보다 더 팔랑팔랑 황근꽃 나비 같아서
멜라진 코가
보아뱀처럼 즐겁게 바라보는
밤바다의 섬,
별똥이 날아들어
순력도를 그리는구나

* 시인 이중옥.

알뜨르

- 진지동굴

이방인을 몰아낼 핑갈을 위해
한여름밤의 꿈처럼 서곡을 헌정했던 곳
그곳은 따뜻한 내 품에서 외따로 나앉은 곳
낮에도 달이 고이던 동굴이 있었다

동굴을 파는 노역에
말을 잃어버린 알뜨르 사람들은 바람이 되었다
어린 씨감자 뿌리내린 섯알오름과 알오름은
실핏줄 따라 가미가제의 바람이 들었다

태평양으로 출항하던 독고다이의 바람
송악산 갱도의 격자에 주저앉아
옥쇄를 곡갱이로 다듬던 침묵
총알받이로 져버린 알뜨르엔 비행기가 뜨지 않는다
이제, 그날을 닫아버린 동굴의 틀니조차 달싹이지 않는다

감자꽃 따라 올레가 혈관마다 뚫렸는데
실어증의 바람은
동굴의 입구 앞에서만 물결치고

고향 가는 길 알뜨르, 한 번도
마주치지 못한 사람들이 동굴 안에 살고 있다
바람, 벽화의 결 따라 부는 곳

별도봉

엄마 딸이 아닌 나는 상서롭지 못한 음가音價처럼 별의 뒷면에 숨겨져 있었다
낮이 탈색한 별이 잠시,
투명 옷을 입어 광합성 하는 잎맥에 내려앉아
피를 식힐 즈음의 나를
외계의 지류가 흐르는 망루에 버려두고 가버린 이후부터였을까
별은 내게 오지 말라고 혐오의 파편들을 뿌려댔다

키스하기 좋은 밤,
안절부절못하는 내 눈빛을
빛의 작란으로 오해한 애인은 혀를 내밀다 사라졌다
전혀 다른 사람이 내 마음속에서 조감도를 펼치고
과도한 시간을 돌려 내 사랑을 신기루처럼 데리고 가버렸다
혼자 남겨진 소음처럼 거듭되는 발설도 배설도 모호하게 은닉한 말사태가
눈으로만 쏟아진 이유였을까

아빠가 돌아가시고 밤마다 사멸한 운석이 엄마의 속울음 사리로 탄생되던

단음절의 동음이의어를 키스의 외마디로 익힌 내 눈동자에,
엄마를 닮아 엄마와 다른 낮별을 숨긴 나의 검은 눈동자를
당신이 별이 빛나는 밤이라 부르신다면
밤의 일부를 가져온 적소,
비밀의 잔해가 남은 이곳에서
투명한 별에서 온 별밤지기, 당신이라면

봄의 매질

제자리에 돌아와 앉으라
정령의 말이
깨어나는 안개 속에서
까마귀가 일어선 빈 둥지에서
또렷한 향기로 퍼지면
도시를 헤매던 머리가 맑다

용강동에 매화 피었다
절물 삼나무 숲에서 복수초가 감자처럼 드러나면
공동묘지의 삐쭉인 푸성귀 밥상이
수목원 진흙탕에 갇힌 연못과 수선화 길목이
이호바다의 검은 진주가 흔들린다

매번 순리를 좇고도
아파야 깨닫는 미련한 사랑,
봄의 매를 맞는다

다시 어른이 되어야 할 때
드러나지 않는 마음의 방패를 치워야 할 때

상처 내기를 좋아하는 못된 사랑이
봄비 속에서
다시 무릎을 꿇어야 할 때

산천단의 여름을 벌초하다

푸른 송곳니로 누워있다
성급히 젊음을 휘둘러 남는 건
날기를 두려워하는 깃털뿐
죽음까지 움켜쥔 부드러운 위계도
날카로운 무기로 남는다고
부릅뜬 곰솔은 독법을 감추었다

태양은 뒤 끗발이 아쉬운지
옷까지 잡히며 가을의 살을 태운다
영원히 청춘인 양 깝죽대는 빛화살이
처녀림 죄다 훔치고
만삭과 출산의 집을 물려주던 혈족

처서의 풀섶에서 용서라는 말로 손을 편다
이승을 떠나는 뒷모습에
조용한 읍소가 팔백 번 끄덕인 솔향으로 그윽하다

올레

당신 속으로 가는 덫인 줄 모르고, 그러니까 당신 속으로 들어가는 올레 입구에서 휘파람소리 멈춰버렸소

삼당밭, 집으로 가는 길은 수선화가 삼박자로 피어 돌구멍도 울었지만

사랑에 미쳐버린 언니가 무서워 꿩 소리, 바람 소리보다 뒤엉킨 삼나무 돌담이 길기만 했소

자식농사 풍년만 있느냐, 본전 까먹고 창고의 재고로 쌓인 딸년의 머리가 희끗해졌다고 반백의 입술이 어머니를 더듬고

무릎의 연골을 허물고 긴 한숨으로 남은 길, 적賊과 혹惑이 주름진 길

설문대 할망, 길게 누워 있는

- 한라산

한라산을
함부로 흙탕물 섞지 말고

채 맞은 기생의 춤사위 따라
오름이나 오를 일

해 두 개 달 두 개의 시절
은근슬쩍 가르는 물을 마신 적 있다고
자작나무 껍질 위에 화첩으로 그려 있다고
설문대 할망,
눈 털고 자리를 옮길까

오백 식구 먹이느라
그대로 한라산신이 되어버린, 할망
이제
오백 손지가 지켜야지
눈 뜨고도 모른 척
눈 감은 척 잠들어도
거미 넋 앞에 조아린 무덤새이니

그대로 물려주는 거라
검은 흙 단단히
흙탕물 가라앉은, 할망

설문대 할망의 딸

- 이어도

족은 년아,
이제 닌 팡돌이 아니여
오백장군 오라방들 뒤치다꺼리 허젠허난 속암져
설은 아기야, 비바리의 섬으로 커다오
할망 딸로 살멍 바당 소곱까지 뿌리 내령 닐 지들려부렁
육지로 도망나지 못하고,
속솜헌 니 속 모르는 거 아니여
니가 아니면 누게가 오라방들 거념허느니
조케들 얼래느니
경해도 족은 년 니라도 이시난
내 눈물, 시커먼 가슴 소곱 알아주는 거 아니가
자왈왓 일구당 용심낭 온 오라방 있거들랑
펀 들어주라
백두에 목을 바치고 한라에 피를 묻엉 온 장두가
바당 속에 들어 왔걸랑
편안히 눈 감으랜 소리 한 자락 해주라
부끄럽지 않은 집안이난, 소도리 안나게
족은 년 니가 장두의 섬 이어도가 되사느네 어떵허느니
살당보민 살아질테주

제주땅이 니네 집 아니가

좀녀덜이 수놓은 빌들 보라

제주바당이 베롱 싼 불 쬐멍 경 조들지 마랍시라, 족은 년아

막내야,/ 이제 너는 쉼팡이 아니야/ 오백장군 오라버니들 수발드느라 고생한다/ 불쌍한 아기야, 처녀의 섬으로 커다오/ 거대한 어머니의 딸로 살면서 바닷속까지 너를 붙잡아서/ 넓은 세상으로 도망가지 못하고,/ 침묵하는 너의 속을 모르는 게 아니야/ 네가 아니면 누가 오라버니들 도와줄거니/ 조카들 달랠 거니/ 그래도 막내 너라도 있으니/ 내 눈물, 새까맣게 타버린 내 속을 알아주는 게 아니니/ 돌밭을 일구다 온 오라버니 있으면/ 편들어 주렴/ 백두에 목을 바치고 한라에 피를 묻고 온 장두가/ 바닷속에 들어 왔거든/ 편안히 눈 감고 저세상 가라고 노래를 불러주렴/ 부끄럽지 않은 집안이니, 헛소문 안 나게/ 막내야 네가 장두의 섬 이어도가 되어야 한다/살다 보면 살아진다/ 제주 땅이 너의 집 아니더냐/ 해녀들이 수놓은 별들 보아라/ 제주바다가 희미하게 밝힌 불 쬐면서 조급해 마라, 막내야

애기동백

봉개동 산 430번지
까마귀 울음터널 지나 봄이 꺾여온다
저리도 힘들게
밭담 사이를 비집고
구불구불한 길을 돌아 찾아올 줄이야

아버지 입은 끝내 열리지 않았다
사월, 평화공원 가기 전 삼월 한 달
잠을 설치고 입안이 헐어도 끝내 입을 열지 않았다

위령탑에 새겨진 할머니 이름
하얀 손수건 꺼내 닦으며
몇 해 전 담근 복분자 첫 잔 슬그머니 내려놓고
시멘트 바닥에 주저앉아 멍하니 하늘만 바라보던 아버지

병원에 갇혀 창밖만 내려다보던 지난 사월
음복 한 잔 못하고 병실 복도 이리저리 서성이다
봄 아지랑이처럼 할머니 찾아 훨훨 날아갔다
영영, 동백으로 피었다 졌다

지금 봄을 만나러 간다
지금 아버지를 만나러 간다

여정*, 물로 뱅뱅

물로 가둔 섬, 환해장성을 떠도는 영혼이
내 생을 점지한 자궁이 그리워
왜포 연대에 머문다
몽골의 노략질에 치가 떨려 사람으로 환생하지 않는 소와 말들
서른여덟 내 나이만큼 연대를 만들고 아홉의 진을 껍질로 만들어도
연좌의 군역을 내려놓을 수 없던 탐라, 서러운 삼무

조천읍 신흥리 784번지
배 타고 포작하던 보제기들 영영 이어도로 사라지고
봉수대 불 피울 남자 하나도 귀해 고팡 속에 숨겨두던 시절
달래향 가득 올레에 심던 버릇
이곳까지 왔다

긴 밤, 번을 서며
한줄기 횃대에 피워 드리는 치성
날이 밝도록 바다가 안쓰러워 뱉은 보들레기, 김, 톳, 미역이
어찌 임금님 진상만 할까
애기집처럼 살아남은, 끈질긴 삼다

물로 뱅뱅 감기어 탐라는 살고 지고

* 여정: 제주도의 여자 군역자.

2부

이호 밤바다

이호 밤바다 등대에 담긴 비밀 얘기가 있어
너와 함께 불을 켜던 등대
서쪽 하늘로 이울던 달콤한 밤바다
나는 지금 이호 밤거리를 걷고 있어
한낮에도 빨간 등대를 켰어
밤새도록 하얀 말울음 등대를 켰어
파도에 잠긴 노란 기둥에 점멸하는 얘기가 자동 재생되고 있어
행복한 얘기가 흐르는 밤바다
지금 너는 소리가 없어
나 혼자 밤바다를 걷고 있어
너에게 들려주고픈 비밀이 많아졌는데
너는 소리가 없어
말할 수 없는 이호 밤바다, 비밀을 가진 바다
너와 만들던 많은 이야기가 너를 기다려
다시 함께 등대의 불을 켜고 싶어
나는 지금도 이호 밤바다*

* 버스커버스커의 '여수 밤바다'를 너무 좋아한 나는 이호 밤바다.

왕과 나

벚꽃 띄운 커피를 마시는 오후 세 시 삼성혈 돌담 지나 숨 고르다 보았지 꽃잎으로 글씨를 쓰던 사내 자전거 타고 돌하르방 빙빙 돌며 아쓱, 돌아간 정신으로 고래래 소리 지르던 사내 어째 탐라에서는 왕이 나지 않는가 왕의 씨는 어디로 사라졌는가 회개하라 탐라여

언젠가 또 만났지 걸머리마을 담벼락 따라 능소화 곱게 피던 날 귓속 가득 민생고 듣던, 배움이 짧아 소장訴狀 하나 제대로 쓸 수 없었던 사내 상찬계의 칼자루에 목이 꺾인, 장두가 될 뻔했던 그 사내 등소等訴 계획 반란으로 왜곡되어 자그마치 이백 년 동안이나 역적으로 평가받은 그 사내 지금 못다 쓴 소장 입안 가득 베어 물고 하늘을 바라보며 소리친다 흙의 나라는 언제 오는가

언젠가 한낮 오라오거리 태양을 품은 신호등에 갇혀 또 보았지 운전석으로 홍시 봉지 들이대던 붉은 눈을 가진 사내 신축 주유소에 자리 내준 상록장의사 앞마당 6호 고인돌에 묻혔던 그 사내 일어서 말한다 탐라의 영토가 이리도 좁단 말인가 조용히 안식을 누릴 공간도 없단 말인가

지금 어디를 들여다봐도 대륙을 풍미하던 말발굽 깨워 나라를 일으킬 자 없다 그 사내들 돌하르방이 되어 사진의 배경으로 전락한 지금, 탐라지묘에 앉아 잡초 낀 역사책을 뒤적이는 나는 독신으로 늙어가고 왕을 찾으러 떠난 자 영영 돌아오지 않는다

팽나무*

우주목은 육십의 나이테가 있다

우주로 뻗지 못하는 나무는
제 안으로 가지를 뻗고
몸 안에 우주를 받치고 있다
부화한 별들이 도르르 말려 박제가 되고

별들의 탄생과 운행노선을 알고 있는 나무는
사계절이 겨울이다
춥지 않으나 앙상한 한 폭의 세한도,
뜨거운 별들을 품고 있는 나무는 얼마나 클까
얼마나 곧을 것이냐

골산의 뼈들이 화석을 토사와 함께 버리고
나무를 껴안고도 미처 울창하지 않은 이유

그가 마파람과 호박을 그릴 때도
위대한 나무였다

몸의 붓을 들고 숨을 고를 때도
동백꽃은 지는 듯 날아올라 하늘에 싹이 났다
그의 별을 키우고 있었다

그가 질감이 아닌 빛의 파장으로 북천과
하얀 달을 토할 때도
내겐 천문지기였다

우주목을 만난 나의 눈은 오래 빛났다

* 화가 강요배.

정지

- 조왕삼덕*

조왕삼덕 앞을 자파리 허민 안된다이
불 지필 부지깽이도 변소 옆에 것은 안된다이
솟덕 위에 매달린 그슬린 돗 추렴 도새기, 명절까지 기다리라이
칼소리도 내지 말고
마늘 깐 부스레기, 보리 고스락은 밖에서 불사르라
정지는 집안의 어머니여
어른 어신 아기 어시난
어멍 시키는 대로 허라이
얌전한 고양이 부뚜막에 먼저 오른다지만
시집 가서도 조왕할망께 빌고 빌라이
상가집 갔다 와도 먼저 조왕 앞에서 손 씻으라이
어디 뎅겨도 정지 삼덕은 곱딱해야 헌다이
정지가 반듯해야 어멍 자식들 반듯하게 큰다이
조왕할망 손에 크는 딸이 된다이

조왕솥단지 앞을 어지럽히면 안 된단다/ 불 지필 나뭇가지도 화장실 옆에 것은 안 된단다/ 솥 위에 매달린 그슬린 돼지, 멍절까지 기다려라/ 잘소리도 내지 말고/ 마늘 깐 껍질, 보리 겨는 밖에 가서 불사르라/ 부엌은 집안의 어머니여/ 어른 없는 아이 없으니/ 어머니가 시키는 대로 하거라/ 얌전한 고양이가 부뚜막에 먼저 오른다지만/ 시집 가서도 조왕신께 빌고 빌어라/ 상갓집에 갔다 와도 먼저 조왕신 앞에서 부정을 씻어라/ 어딜 갔다 와도 부엌은 정갈해야 한다/ 부엌이 반듯해야 어머니 자식들이 반듯하게 큰단다/ 조왕신 손에 크는 딸이 된단다/

* 부엌의 중추적인 솥 세 개가 얹힌 부뚜막, 조앙의 제단.

저물면서 피는, 서자복 마을

- 한두기에서

불타는 혀가 마음을 흔들었다
죽은 인생이 금세 달아올랐다

사람이나 귀신이나 눈물이 있어야 한다
입과 귀를 지우고 산들
찬사 속 행복만 사랑이라고 할 수 있는가

문을 두드리다 지친 발로 마을을 찾아야 보이는 곳
해가 밤과 낮의 사이에 걸려야 빛나는 곳
아들 없이 내리 딸 셋을 낳아 봐야 머리 조아리는 곳
분홍이 피를 끓게 하여 사람의 빚을 져야 찾아가는 곳

사람에게 스며들던 첫 마음으로
가슴 속 갈비뼈 하나 살아나는 곳에서
차라리 사랑을 묻어버리자
차라리 저물도록 피어나는 꽃이 되자

중산간 검은 길

여자를 사랑한 바퀴는 헛돌았다

삼나무 한쪽 다리를 들어
푸른 잎 몇 장 남기고 집을 등지던 길
중산간 검은 길

현무암 방사탑을 쌓으며 빌던 여자
입안 통증을 막아내던 뇌선 흰 가루가 날아온다
얼음판을 빠져 나오려던
상처가 키운 길에서 나 또한
상처를 줄 뿐이라며 바퀴는 소금 한 줌 들이켠다

유자는 익어가고
육지여자와 몰래 떠난 길
장성에 나앉아 나를 기다리던 해녀가 쌓은 돌탑길
산폭도 내려와 아버지 잃은 길
장남을 보자기에 싸고 숨기던 어머니의 고팡길
남조로 지나 서귀포로 돌아가는 길

여자에 빠졌던 귀싸대기 때리던 지느러미의 할퀸 자국길

주정소의 봄

4월이 지나야 봄은 온다

제주에 봄이 오려면 주정소의 붉은 철문이
납작하게 붙어있는 목소리를 뱉어야 한다
유월 검은 밤까지 눌어붙은 아우성을 펄펄 끓여야 한다
껌 같은 환청이 이빨처럼 단단한 쇠창살을 뚫고 나가
동부두를 막고 선 비둘기 발목이라도 잡아야 한다
봄눈이 햇살을 피해 눈앞을 가로막으며 주정소를 기웃거려도
당장은 봄옷을 꺼내면 안 될 일이다

봄이라는 꽃이 피기도 한다
삼월 지나 연분홍 혹은 노랑,
열흘 붉기도 전에 날리는 꽃향기에 잠시 흔들려도
무명적삼의 어머니가 웃어야 봄이다
배 곯고 지친 손마디가 제주항을 향해 허우적대던 바다,
질긴 핏방울이 침몰된 어둠을 밝혀야
어머니가 키우던 꽃이 핀다

어도리가 통째로 동부두 주정소로 실려 왔다

고문은 원래 정답이 없는 것
아낙과 아이들이 바닷속 구경을 아직 끝내지 못한 마을엔
주인 없는 화염의 봄이 탄다

숨통에 꽂을 총알이 아까워 수장했다는 증언이
생존한 아들의 파카를 여미는 동안
햇살은 봄을 대충 때우려 하나
주정소엔 4월이 지나야
꽃과 열매를 볼 수 있다

추사의 시식시종

1

멸치, 유제품, 떡과 과일, 술은 조금, 힘차고 기품 있는 왕골의 식단

2

난자 완스, 팔보채, 베이커리, 야식, 유흥 속에서도 놓치지 않는 붓끝, 이역의 풍부한 풍경마저 살집식단

3

3 · 4조의 간결한 사찰음식, 소동파와 함께 하던 돼지 삼겹살, 청주 대신 녹차, 쪽잠, 신출귀신 탐사, 뛰는 경서 나는 역사, 오독보다 뛰어난 대담, 혈기왕성한 다채로운 음식

4

조밥, 소루쟁이국, 자리지짐, 초마기김치, 멜젓무침, 두부표고탕, 해물몸전, 인삼약과, 기름기 빠진 탐라의 독고다이식 요리와 고향에서 온 재료를 다시 바꾼 퓨전, 오메기 청주 한 사발에 솔가지 부러진 향수 외롭나니, 닳고 닳은 먹빛 먹먹한 밥상

5

과천의 두레밥상, 깨달음의 수프 추사팽, 솥 속에 모두 넣고 자글자글 끓이다, 남은 것은 시골밥상, 세상 맛 다 보아도 처음 느낌 그대로, 남아준 가족과의 밥상

치성, 치성, 칠성님아

새벽이 허물 벗고 가버린 콩밭 귀퉁이 눌에 매달린 개똥참외 일곱, 탯줄에 매달려 있다. 가을 구멍 속으로 호로록 어미가 사라져 차가운 알들은 오도 가도 못한 봉사처럼 소랑소랑 누워 늙은 젖줄을 찾는다. 무쇠석합 속에서 혹한의 세상에 나오지 않아도 좋을 것인데 어미는 기어이 일곱 자식을 품기 위해 되돌아와 함덕 포구에 머리를 휘감았다. 아버지 없는 저 귓것들, 껍질마다 눈물자국 찍으며 좌정할 곳 찾느라 발이 닳았다. 계절은 이미 땅속으로 내몰며 찬바람 부는데 여드렛당의 길고 긴 칠성의 똬리가 가웃가웃 머리를 쳐든다

쳐든 치마 속을 따라 다니는 치성, 칠성님은 사실 지팡이를 잡고 아폴론의 예언을 하신 겁니다. 오시리스 신인가요, 헤르메스인가요. 일단 하늘과 땅의 중재를 하고 계시니 이곳 안칠성 밧칠성님과 동급이신, 치성, 치성을 드리며 절하는 어머니의 고팡에 좌정하신 칠성님.

제 주위엔 전부 뱀띠 지인들이 우글거려요. 능구렁이, 꽃뱀, 살모사, 독사 이들도 모두 예언자일까요. 하긴 여자든 남자든 침 흘리며 다 좋다고 따라다니니 초신성, 날개를 달고 비행하는 호색의 초월자들 같아요. 목소리까지 감겨요. 스멜

이곳, 토산에선 아직도 치마폭에 칠성님을 싸고 다닌다는 괴담이 있습니다. 차크라 속으로 뱀이 들어가야 도인이 된다는 살롱의 권장은 당신의 입에 머금은 숨을 먹고 산답니다. 하긴 태초에 아담과 이브와 뱀이 있었다는 신화를 봐도 칠성님의 족보는 신급입니다. 새로운 신앙이 여기에서 발견됐다고 해도 세계는 놀랄 거리도 못 되겠습니다. 하니 치성, 치성, 칠성님 북두칠성을 타고 내려오신 고팡할망, 눌굽할마님.

주낭하며 세운 가산과 제 식솔들이 찬바람 부는 한질로 내몰려 아비 없는 귓것들 되지 않게 해주십시오. 내 탯줄에 매달려 갸웃갸웃 고개만 쳐든 개똥이들 위해 칠성판 같은 손금으로 닳도록 비나이다

이모의 귀는 천 개

팔자 그르친다는 무속의 구월
눈빛 먼 데 두고 부지런 떠는 억새 끝이 붉어진다

죽음 너머의 소리를 듣는 일도 나름 임명장 받은 소임이니 사후의 사람들과도 소통하려면 심지가 굳어야 하는 법, 세 번 팔자 그르쳐 얻은 자리라 이모의 귀도 유순해졌다 바쁠 것 없이 한세상 휘휘 돌다 발에 차이는 봉분 앞에서 음귀의 분을 삭여 타이르는 일도 원해서 된 것도 아닐 테니

한 생을 접은 꿈은 꾸어도 부질없으니
죽은 자는 애써 정을 붙잡을 일도 없다

죽은 이도 사랑을 찾고 밥을 먹으러 온다고 믿는 이모
그것들의 얘기도 들어줘야 사람 숨에 기대지 않고
제 세상 가꾸며 이생을 키워준다 하시니

억새 여린 손톱에 계절이 쇠약해지는 틈
두 다리 쭉 뻗은 숨은 꽃들이
밖으로 나와 제 이름값 한번 하고 간다

이모와 나도
주역을 듣는 귀 잠시 닫고
사람살이의 구경에 춤추고 노래하다
아주 잠깐, 잠깐이라도
숨어 지내는 생것의 사연 들을 수 있다면

방선문

시공을 잃어버린 울림통에서
물 바람을 지워버린 새소리가 풍화된 현세를 암송하고 있구나
종이보다 돌에 새겨진 시문詩文을 위하여
비문碑文이 아닌 시인으로 남고 싶던 필체의 얼룩을 보네
신선의 문장을 받아쓰던 옛 선비들의 풍월을 읊고 있는
한지 대신 열두 폭 바위 병풍
갈다가 만 먹물 고인 물웅덩이
이제야 내가 받아쓰고 있구나
뿌리 위 푸른 가지도 그대로 그려 넣으리라
가지 사이 부챗살처럼 퍼진 햇빛도
천수를 누리는 곳

선계 앞 산문山門에서 시문을 받아쓰니
앞서 온 대구對句는 어느 분의 훈수일까
밥상머리의 어머님 잔소리 그리워 쓰셨나
쓰다듬던 스승님의 손바닥, 살짝
엿보던 글씨로 써 놓으셨나
모두 저절로 이루어진 게 아니구나
그대로 내 몸에 계신 필체가

날개 되어 짝을 이루네
몇 자국 떨어져 지긋이 바라보는 별들로 피어나네
영구한 참꽃의 눈동자 붉게 하네

밖거리의 밥상

어머니가 되어봐야 어른이 된다는 말은 믿지 않는다
제주 할망들은 안거리를 자식에게 내주고 밖거리에서 혼자 밥을 먹는다
바람 부는 고망밭에 마늘 심고, 밀감 따는 노역까지 마다 않는다
물질 때가 되면 할망바당에 나가 톳, 몸, 미역까지 죄다 잡아 한질에 널어 말린다
손주는 걸랭이로 업어요, 딸네 깨도 두드려요, 녹두도 장만해요, 오일장 할망장터에 앉아 좌판을 벌인다

제주에서 여자로 태어난 것은 축산이보다 못난 것, 돌밭에서 잔등이 맞고 구부정 허리 될 때까지 돌밭을 엉덩이로 길을 낸다

제주에 와서 살아봐야 안다
삼다三多에 남자가 많다는 것
남자보다 더 많은 어머니가
어머니보다 할망이 바다와 밭에 먼저 나앉아 돌이 된다는 것

싱싱한 횟감을 낚아 광질하며 마시는 아들
돗추렴에 넉둥배기로 밤새는 남편

육지 여자들 야반도주에 또 한잔, 자파리의 퀸당들
돌아오지 않는 저녁
어제 끓이고 그제 졸이던 밥과 국을 다시
데우며 혼자 먹는 할망이 있다

안거리 내주고 밥도 함께 먹지 않는 할망은
섬의 중심을,
한라산 용암도 씹을 수 있다
제주에선 할망이 되어야 어른이 된다

왜 나는 당신을 믿지 않는가

'아들, 아들만 낳아라'
시어멍의 수천 바늘에 머리가 빠지면서
돋아난 삼대 독자, 양지 붉은 아들
아들 귀가 든든해서 바늘 한 땀 한 땀으로 돌밭을 일구었저

'아방 찾아내라, 아들 돌려도라'
어멍의 노망난 헛손질에 똥 치우던 젊어 설운 시절
전복저택 짓겠다던 남편
감태 캐는 징용의 바닷속에서 패망의 총 맞고
허리 끈을 풀어 버렸저

듣지 않으리라, 왁왁한 서방 뒤안길
선왕 도깨비의 소리에 뇌선을 털며 물질하던 좀녀살이
고무신을 구겨 신은 무자년, 총성이 집을 향해 달리고 있을 때
아들은 눈 깜빡일 시간도 없었는지
눈물자국만 깊게 새겨진 얼굴로
뚫어지게 나를, 나의 눈을 뚫고

'범이야, 범이 아방'

죽은 가족 의지해서 사는 목숨이라서
돌밭에 앉아도 탐포를 띄워도
죽음 너머의 총소리 닮은 귓속말
탕, 탕, 탕
검은 피 흘리며 누렇게 핀, 육지에서 온 당신
시어멍 닮아 박복한 돌섬이 된 내 가슴에
총 쏘는 거만 닮아, 당신의 봄바람

탯줄

- 불도할망당에 조아리며

불도삼승
삼신할미라 한 손엔 아버지가 사는 하늘을 잡고
다른 한 손엔 노각성 자부연줄에 달린 나를 붙잡고
죽은 나보다 앞선 나의 근원을 찾아
하늘로 오르고 싶다

와산리 당오름이 붉은 억새를 타고 흘러
돌 속에서 나는 태어나고
끊어졌지만 끊어지지 않은 하늘, 아버지의 신전을 본다

하늘이 아주 낮아 조금만 올라도
아버지의 손 잡았던 오름,
높아서 자꾸 높아져서 숨이 차고

인간의 욕망을 줄이기 전엔
하늘로 오르는 낡은 지도 찾을 수 없다고
불도 삼승또, 바위에 기대어
삶은 달걀 까먹으며 듣는 신탁 앞으로
또르르 탯줄 감은 칠성뱀이 지나가고

내 뱃속에서 나와 똑같은 줄을 잡은 이, 누구십니까

한경면 좌 씨 할머니

'가츠우리' 자그마한 해안
'쇼쿠아마*' 라는 새 이름이 소중기마다 따라 붙던, 두 줄의 나이테
빨간 동그라미를 붙이고 다니는 왜국 땅에서
테왁에 달라붙은 등본 없는 자식놈, 노름꾼 남편
여자 사냥에 끌려온
사람들이 하나 둘 이사 오기 시작하면서
나이테는 바람만 들었지

'초센**' 뒤에 따라 불리는 내 이름표
좌 씨 딸년 부르던 고향의 이문간, 관절의 공갈 삯으로 불어도
내 뿌리는 한경면으로 뻗고 싶다
지문이 지워진 나이테
통풍 든 손가락이 향하는 곳

* 쇼쿠아마: 조선인 해녀.
** 초센: 목면으로 만든 소중기.

주역을 펼쳐드니

- 선돌에서

선돌에 녹차밭이 처음이었다지
도순까지 퍼지는 것은 그리 오랜 일이 아니야
이모는 세 번이나 살림을 갈라서 미륵을 모신 거야
잠이 오지 않아 신열의 바람 들던 날
선돌 앞으로만 선돌 앞에서만 무릎을 꿇었다지
성이 다른 세 아이 데리고
고독쯤이야, 쓱쓱 제 몸에 칠해 세상을 비웃었던 거야

도순까지 퍼진 녹차향은
아버지를 밤마다 불렀다지
마당에 도화나무 심던 날부터 그리 멀지 않은 얘기지
어머니는 세 번째 살림 얻고 사라진 아버지를 기다리느라
물질을 배웠다지
바닷속에서 둥글게 키운 진주를 쏟고 나서야
배다른 아이를 키울 수 있었다지
돌아온 아버지의 눈 감겨 줄 수 있었다지

아무도 가르쳐주지 않아도 물려받는 가계도
피가 흘러 달 점치며 따라온 이곳

미륵의 손금에 빗금을 친다
눈물에 고여 퍼지는 녹차꽃향기

배롱나무께 조아려

엄마가 되기 싫을 때마다
산담에 걸터앉아 배롱나무 망연히 바라본다
아이만 낳으면 어머니가 되는 게 아니라고
서른 지나 마흔까지만 참으면 저절로 어른이 되는 게 아니라고

울고 싶을 때마다 배롱나무 가지 어루만져본다
얄망궂은 아이들, 내 잘못과 버릇과 게으름 빼다 닮아
그대로 가슴에 옹이로 박히는 피의 내력
옹이 여섯 비단 꽃잎이 되어야 비로소 어머니가 되는 거라고
속살대는 백일 꽃의 경經귀에 머리를 조아린다

뼈와 살 수피도 없이 앙상하게 말라
삼 년 내내 하얀 꽃 눈물처럼 떨구던 배롱나무
아버지가 되기 싫을 때마다 회초리 자국,
하얀 종아리 가지마다 야윈 문장 문신처럼 새겨져 있었지
나 태우고 허랑하게 흘러다니던 오토바이 앞좌석
꼭 붙잡으라던
반질반질한 손잡이 같았던
그때도 저렇게 휘었었지, 아버지 등이

미여지 벵디*

한 생 접어 나비가 되신다니
하얀 안개 낀 오작교에서 당신에게 하기 싫은 말
나비와 복사꽃으로 웃던 안녕이란 말
가루로 날아올라 사라지는 당신이 남긴 말
이별 이별
얻어 쓴 이 생도 내게서 사라질 숨말
사랑 사랑

* 제주 신화에 나오는 이승과 저승의 경계, 문무병의 무속해설에서 얻어 씀.

겨드랑이가 가려워

- 산방산, 왕후지지

하필 여장수가 내 자식이라니
산방산, 저 역적의 피가 흐르는 산이 탯줄로 뻗었다
평범한 것이 삶을 견디는 지혜라고
딸의 머리를 쓰다듬는 손은 늘 저려 왔다
피가 도는 밤이면 헛것들의 세상,
남장 여자만 살아남는 섬, 여자라는 몸, 감정, 애정을 잘라내야 잠드는 섬
섬이 되어가는 딸, 말을 지우고 노래도 잃고
눈이 멀어간다
이승과 저승의 경계에서
날개를 끊은 딸아,
세상은 아수라란다
뜨거운 쇳물을 붓고 달군 것은 날개가 아니라 심장

바람을 갉아 먹는 산방산의 날개야, 왕자가 된 딸년*의 날개야
섬이 섬에게 들려주는 겨드랑이 이야기 들려줄게

그리 멀지 않은 옛날, 내 옥 같은 딸이 날개를 자르고……

* Korea/Documentary/2011/81mins 여성영화제 '왕자가 된 소녀들'에서 인용.

나쁜 피

- 이중섭 초가

미루나무 까페 옆 정낭을 훌쩍 뛰어넘어 전생으로 들어가니 정지 솥단지 지나 쳇방 외방 식구들 쿨럭였지 눈빛만 빛나던 아이들 쥐 오줌처럼 누런 벽때가 탔다 그림은 아니 그리시고 댓돌에 쭈그려 애꿎은 담배만 죽이던 그 남자, 손목에 곱때 같은 줄이

외할머니 밭은 기침소리 외따로이 나앉은 집 그때 나는 집을 나왔던가 외할머니 골 깊은 주름 피해 쳇방 바람에 몸을 맡겼던가 허랑한 바람에 이끌려 이승의 길을 헤매었던가 능소화는 왜 저리도 곱게 그은 손목마다 피어나는지 외할머니 입에는 꿉꿉한 담배연기 같은 한숨만이

그 사람 떠난 댓돌 쭈그려 앉아 부르는 이 노래
모두를 아픈 시절 신열이라 해두자
외할머니 황소 고삐 바삐 끌안고 편편하게 돌아가시라
정낭 너머 하얀 해무海霧 그득하게 몰려오는 오후

탐라의 아이

탐라의 어머니는
이른 아침부터 말고삐를 잡고 목초지로 향했다
경지를 기름지게 하려고 바령팟에 분뇨를 받는 테우리로 시작한 하루

어머니는 보리밥에 자리젓 얹어
아침을 물리고 나면 혼백상자 등에 지고 바다로 갔다
좀녀잡녀라고 양반들의 뻐대는 업신여기지만
전복진상은 오로지 좀녀 몫이라
눈보라가 하늬바람과 합세하여 몰아쳐도
흰옷 흰 수건 하나 걸치고 수궁으로 들었다
미역 청각 우뭇가사리 모든 진상꾸러미가
어머니를 바닷속으로 밀어버렸다
아이는 불턱의 파도소리로 잠이 들었다

어머니는 연대의 군역, 할당된 마을 일
괸당집 대소사에 불려 다니느라 집안에 앉을 수 없었다
혹, 발이 묶인 날이라도 생기면 족은 각시네집 건사하고
오메기술 담그는 일 망건 만드는 일,

아이를 안아보지 못했다

탐라의 어머니는
우영팟에 사철 싱싱한 푸성귀를 심고
빌레를 일구어 마늘 양파 양배추를 심었다
귤밭에 영그는 당유자 금감 하귤
하, 부자라고도 떠벌리지 못하는 공물,
이제야 자식 위해 대학나무를 심었다

탐라의 어머니를 낳은
하로산또 영등신 나무 돌
지물 곱게 싸고 물색천 드리운 신목과 바람 앞에서
아이는 어머니가 되고 있었다

3부

우는 여인

- 제노사이드

1.

게르니카, 1937년, 캔버스에 유채, 350×780㎝, 에스파냐 마드리드, 레이나 소피아 국립 중앙 박물관.

울음이 사는 그림에 귀가 없다.
나이테 위에 여인들은 죽은 아이를 안고 있거나
불 속에서 두 팔을 치켜들고 울고 있다.
스피커를 내장하지 않은 소의 어깨는 견고하여
등이 가렵지 않다. 한때 초원에서 함께 풀을 뜯었던
넉살 좋은 말이 이를 드러내며 녹음錄音한 통곡을
등에 꽂아도 휘파람 소리처럼 유쾌한 소의 등짝엔
등불도 태양처럼 따뜻한 봄볕이다.
힘겹게 몸을 끌고 가는 여인의 한쪽 눈은 소리를 쫓아가지만,
귀가 없는 청취자는 라디오를 끈다.
꽃을 부탁해,
부러진 칼의 꽃말을 남긴 발치의 뿌리는
절벽 아래에서 채록한 소리를 모아 쥔 채 시들어 간다.
삼각뿔로 회전하는 이명은 음표를 갖지 못한다.

소각된 울음은 소리를 지우고 코러스로만 흐른다.

주파수에 잡히지 않는 여인들은 흑백 논리의 투우사처럼 불안하다.

2.

젖먹이, 2007년, 캔버스에 아크릴릭, 160×130㎝, 북촌 너븐숭이 4·3기념관.

자장, 자장, 웡이 자랑, 뛰는 심장을 어루만져요.
귀를 막아야 다닐 수 있던 초등학교엔
밤마다 아기를 재우는 여인이 발이 뜬 채 돌아다녀요.
옷고름 속을 파고들던 아기를 찾아
동백꽃 따라 뚝, 뚝.
잠든 아이들의 붉은 입술이 일제히 오물거려요.
척, 척. 밟는 사병들의 발소리를 피해
여인의 젖무덤에선 아기가
갓 자란 민들레의 밑동 잎으로 뛰고 있었다지요.
1m 땅속까지 찾아낸 총알이
실전 없는 사격연습용으로 여린 밑동까지 잘랐네요.

뽑힌 것은 연초록 심장, 여인에게서 젖 물릴 시간까지 빼앗아 갔네요.

사월 꽃비에 굶주려 우는 민들레 홀씨,

젖몸살에 뿌리가 응애, 응애. 뜬 눈의 곡哭조로 옹알이를 해요.

까마귀가 흰 꽃등을 밝히는 애기 무덤가.

3.

강정이 4·3이다, 2012년, 내 눈동자에 포착된 풍경*, ∞×∞cm, 서귀포시 강정.

누이야, 차라리 시집가버려라
호적을 갈퀴로 긁어가버려라
연분홍 꽃잎 흩날리던 서귀포 일강정,
서건도를 흑백 창살에 묻어두고 돌아보지 마라
썩어 문드러진 섬은 나 하나로 충분하다
삿된 곳으로 머리를 튼 까마귀 솟대의 동쪽
베갯머리송사로 벌인 광란의 4·3, 또다시 그날이 시작되는구나

어머니는 아직도 마농꽃으로 피어 계시는가
마늘밭에서도 물질하시던 어머니, 허리춤 납덩이에 주저앉힌
뇌선 중독 같은 충성의 총성
영정사진 속 아버지의 마임, 어루만지듯 흙을 일군다
평생을 숨죽여 숨비소리 뱉어놓는다

누이야, 나 혼자만 듣게 해다오
식구마저 도란도란 밥상에 앉을 수 없는 세상
아우는 충혈된 방파제로 나를 가로막아 서는데
고향 옴팡밭에서 두 번 죽는 아버지, 장남이 할 수 있는 일이란 게
강정은 평화! 강정은 자유! 라고
외치는 종주먹뿐

제발, 누이야
따뜻한 고향을 기억하며 살아다오
강정의 씨가 끊기지 않게 잠시만 멀리 떠나 있어다오
물 맑은 강정, 눈물 마른 강정이 웃거든,
바람에 살포시 봄처녀로 돌아와다오
마늘밭에 엎디어 자울자울 졸고 있는 벙어리 마농꽃,

소라 고동 같은 빈집에 고운 눈시울로 볕씨를 뿌려다오

* 강정에서 바라 본 풍경: 돌멩이 하나, 꽃 한 송이도 건드리지 마라. 해원상생 굿. 심방이 깨뜨리는 소주병. 부활절을 앞둔 문정현 신부의 추락사고. 육지경찰. 바지선. 빨갱이몰이. 병력파견. 체포. 수중폭행. 농가피해규탄. 사이렌. 촛불. 진압. 공권력. 목청 높여 외치는 소리. 해군기지 결사반대. 삼발이. 허둥대는 기동대. 대형버스. 방패. 중덕. 붉은발말똥게. 해군의 놀부 심보. 평화. 뱃고동 소리. 어릴 적 차롱으로 건지던 파도소리. 구젱기. 간세둥이 이어도길. 믿어요 강정, 우리의 꿈은 두 번 다시 군화로 짓밟히지 않는다…….

인어의 눈물 1

- 성게

제주에선 '성게' 를 '귀살' 이라 부른다
'귀살쩍다' 인지 '귀신의 살' 처럼 소름 돋는다는 말인지

해녀들이 물질하는 곳은 저승이다
세상의 귀를 막고 오로지 자신만 믿어야 바다에 뛰어들 수 있다고
온몸에 가시가 무성히 돋아나야 목숨도 날마다 내던질 수 있다고
태풍도 눈보라도 이기고 발라내어 제 자식 먹여 살리는
해녀의 망사리 속 귀신의 살들도 꼼짝없이 수그리는
바다는 저승이다

자식 위해 온몸 가시로 울타리 친 귀살의 진주
슬퍼도 울지 않는 해녀에게 저승이 세상이다

인어의 눈물 2

-빗창

칼은 베는 것이 아니라 살리는 것이라
딸아, 받아라

'살리는 칼' 이라 하자. 개날戌日 모처럼 대장간에 가서 무딘 쇠 하나 골라 칼을 만든다 쇠를 여러 번 단련시킨다고 날렵한 나이프가 되는 것은 아니다 무쇠로 달구어 끝을 구부린다 전복은 베는 것이 아니라 떼어내는 것이다 핏물을 받는 것이 아니라 바닷속에서 살아남은 생명을 살리는 둥근 칼이어야 한다 칼잡이는 전복을 캐는 바람의 검신이니 선사시대부터 등허리에 비스듬히 차고 있는 창을 칼이라 할 수 없지만, 찌르개가 아니다 뭍으로 돌아와 무딘 어머니가 되어 세상에 아이를 보내도 벽에 걸린 태왁망사리에 꽂아 칼을 말린다 언제나 물때가 되어 나갈 수 있는 일심동체, 몸이 칼이다

칼을 쓰되 해하지 말고, 바위에서 전복 떼어내듯이 보내는 것이라
딸아, 다 컸구나

아이고 봄 잠 오래도 잤다*

시간을 거슬러 갈 때마다 꽃문양 머리빗을 만졌다

손바닥으로 머리카락을 쓸고 시아개로 동백기름을 바르던 허밍이 아직도 남아있는지 궁금해졌다

열다섯에 그녀를 떠나 온 나는 물속에 잠긴 그녀의 노래를 들었다 아주 작은 파문으로 무릎을 만지는 목소리는 끊길 듯 끊길 듯 보폭의 헝클어지는 불효를 저지를 수 없었다 그 후로 잔등이에서 목까지 어루만지며 들려주는 자장가에 엽서 한 장이라도 띄워야 할 듯 사무친 가슴이 사랑으로 열이 났다

열매를 맺으려고 꽃부터 피워대는 작달막한 봄꽃들 속에서 제 것 다 나눠주던 그녀를 위해 고른 두 송이, '함께 살고 싶다' 꽃, '다시 듣고 싶다 웃음소리' 꽃을 샀다 길모퉁이 꽃집 누님은 그녀를 닮아 겨우 피 묻은 악몽들의 '잔인한 복수를 하자' 꽃들을 내려놓을 수 있었다 그녀도 크게 울어본 적이 있었을까

나는 그녀의 모습 중에 '착하다'를 가장 사랑했다. 칭찬만 할 줄 아는 그녀의 사랑법을 사랑한다 반편이 신랑이면 어때? 고슴도치

자식도 치켜세우는 무조건적인 애착, 그녀를 배회하는 나의 기억이다 그녀의 그 사람을 위해 곁눈질을 허락하지 않는 순정을 생각한다면 나는 떠나선 안 되었다

밤새도록 다듬던 쪽파를 이고 오일장으로 나갔을 그녀가 신새벽의 꿈속에 파꽃을 심었다 그녀의 코피로 얻어낸 각성바지들의 살림은 피어나고 청대밭, 흑밭, 띠밭으로 흩어진 그녀의 살은 죽어갔다

손가락을 물고 놓아주지 않던 머리카락에 본메본장의 꽃갈퀴가 구덕을 흔들던 허밍으로 울음을 줍는다 눈물도 말랐을 그녀의 노래를 탯줄로 묶어 서천꽃밭으로 보낼 시간이 되었다 그 사람은 참 행복하겠다고 노래의 저부에 쓰고 싶은 생이었다

* 원강암이는 그렇게 살아났다.

배꼽 아래 선그뭇 덕으로

프라다를 입은 저와 당신은 근친입니다

언니들은 은그릇과 놋그릇에 밥을 먹고 샤넬과 루이비통을 제게 물려주십니다
꿈벅거리는 소의 눈으로 바가지에 비빔밥을 비벼 먹다 늘어진 츄리닝 팔소매로 입언저리를 닦고 받지만 제 눈엔 그저 둥둥 떠다니는 구름입니다
겨우 하루의 노동으로 사는 제 남편은 설날 전 노임도 떼이기 일쑤라 오일장에 파는 코오롱 짝퉁잠바도 비싸다고 의류수거함에서 옷을 들고 옵니다
시댁엔 아직도 뷔페를 먹어보지 못한 노모와 새로운 메뉴는 꿈조차 꾸기 싫어하시는 시아주버님 두 분이 사넬과 루이비통을 들고 있는 저를 촌스럽다는 듯 바라보십니다

어머니가 먹기 전엔 보약조차 못 먹는 착한 막둥이, 제가 선택한 발막아 누울 남자입니다
레미콘에 실린 공구리를 아찔하게 슬라브에 깔아도
마늘 쥚어지다 척추 부러져 뼈에 땜질한 어머니가 괜찮다고 하시면
날마다 건설현장으로 새벽커피 한잔 들고 나갑니다

맨날 너는 사는 것이 이 모양이냐고, 더 이상 친정은 묻지 않고 피합니다

그래도 뭐가 좋은지 술집도 여자도 모르는 온달 같은 막둥이, 당신은 수더분한 손으로 빈털터리 노임봉투를 내밀며, 오야지가 더 불쌍한 거라고 베갯머리 적시며 돌아눕네요

저는 움켜진 여자

악마, 맞습니다 사랑보다 일과 신념을, 감성보다 현실을 더 사랑합니다 하여 당신 몰래 오야지 목을 비틀어 돈을 받아냈습니다 노름빚도 아닌 노동의 대가는 삶을 밝히는 확실한 거래라며 입천장에 혀가 붙을 새도 없는 협박으로 고즈넉한 뱃살을 찔렀습니다 오르지 않던 임금 협상과 입찰 현장 파악도 간결한 가르침으로 파일전송 받았지요 물론, 순박하고 맑은 소 같은 눈으로 쳐다보며 손가락만 빠는 제가 그럴 거라고 당신은 믿어서도 안 되어요 우리는 소소한 행복으로 무장한 막둥이네 집이어야 하니까요

아뿔싸, 거품 물지 마세요 시어머니도 남편도 끝까지 모

를 프라다를 입은 다짐

남몰래 눈물은 흘릴지언정 내 밥그릇은 흘리지 않는다

약속 같은 모계 혈통, 배꼽 아래로 보이시나요

자청하여 태어난 딸에게

앞이마엔 햇님이요, 뒷이마엔 달님이요, 두 어깨엔 금샛별이 박힌 듯한 아이

할망당에 큰 구덕 들고 자식 없어 근심하다 드린 치성에 섭섭다 못한 딸아이가 칠거지악으로 쫓겨날 나를 살려주었구나 웃뜨르 촌놈도 알뜨르 보제기도 돗통시의 돼지마냥 담장 밖에서 그림자 너울너울 건너와도 기氣의 그림자일 뿐이어라

넉살 좋게 밥상 물린 곰방대처럼 챙강거리며 쫓는 어미의 위세를 알겠느냐

나는 아이에게 집이라고, 집 떠나면 고생이라고 날마다 자는 얼굴을 쓰다듬었구나

어떻게 저 산 줄이 뻗어 주청강 연못에 갔을까 그날

바람 불면 꽃잎 날리듯 떠나는 사랑아, 문도령아

씀벅 베인 딸의 순정은 기승전결도 없이 늘 위기 절정뿐인 대본이야. 삼 년 동안 너와 밤낮을 붙어 다닌 내 딸에게 충혈된 심장을 가진 적 없다니, 오도카니 모아 쥔 연정을

박씨 한 알과 얼레빗 반쪽으로 바꾸다니, 가지마 가지마라고 붙잡아도 떠났구나

부드러운 말을 타고/은결 같은 무릎 베개에 누워라
다섯 구멍 막으면/두 구멍을 뚫어주리라/
진달래 꽃 진 자리/청미래 덩굴이 구름산에
얼음 녹듯/목을 조이리라

이 산 줄기 뻗어 서천꽃밭에 사노라면

서천꽃밭으로 가서 새로 태어나는 거다 너에게 새 삶을 수술해 주마 살 오르는 꽃, 피가 오르는 꽃, 재생되는 꽃들이 너를 새롭게 만들어줄 거야

피 냄새가 지워지지 않는 아이는 부엉이 소리를 내며 부르르 떨고 있구나 죽어가는 고사목처럼 뻣뻣한 가슴팍에 코젤 보형물을, 움푹 팬 볼에 보톡스를, 피부는 다이아몬드박피가 낫겠군 기우뚱해진 잔고, 내리사랑 앞에서 무서울 게 없는 어미의 집은 무덤이야

월석금하늘, 건삼밭에 늙은 삼 쓰러지듯 난을 수습하옵시니

쉰 자 구덩이를 파놓고 숯 쉰 섬에 불을 피워 작도를 걸어 놓고 타라시니, 마다 않고 베인 자리 씀벅 닦아낸다 난리까지 멸망악꽃으로 수습한다 하늘이 세탁한 것처럼 깨끗하니 살 것 같구나 땅 한 조각 물 한 조각 대신 받아 챙겨온 것은 오곡의 씨앗과 손에 잡힌 문 도령, 내 데릴사위구나

다시 귀환한 딸이 바로 제 따님 아기씨, 농사의 여신 세경이요 목자를 거느리고 칠월 마불림제 받아먹는 테미테르, 사랑밖에 난 몰라표 달님 아기씨라 내 이마주름에 촘촘히 박힌 별빛 눈물 짓게 만들어 놓은 서늘하고 뜨거운 붉은 단풍의 계보, 따님의 씨앗들 아직도 살아있구나

땅 가르고 물 가르신 어머니

당신은 어머니 이야기를 들려주지 않으셨어요. 세 살 때 아버지의 품으로 떠나온 뒤 기억을 지웠다는, 간간이 문자를 보내시는 어머니를 찾지 않았다는, 당신의 고집 속에서 축축한 눈빛을 보았지요. 아버지란 낯선 풍경 속에서 신기해하던 당신을 쥐어박는 아버지의 한숨과 어머니를 향한 짜증, 친가의 손에 이리저리 굴리며 먹던 눈칫밥으로 자라던 당신, 무쇠석갑 같은 배를 타고 이곳까지 오셨다지요.

사면이 바다인 이곳에서 당신은 풍류와 풍족, 허풍과는 거리가 먼 고지식한 인문학을 읽고 계셨어요. 생경한 음풍농월이 나의 눈빛을 켜는 점등인의 문장이었죠. 가난한 당신에게 자꾸 먹이고 싶어 안달인 저를 내보내시는 부모님, 어찌 보면 당연해요. 인맥도, 재복도, 마일리지 같은 연봉도 당신과 바꿀 수 없어요. 당신은 신세계니까요.

당신의 어머니께선 홀로 많은 회사 식구를 거느린 여장부였죠. 허영심도 없는 넓은 어깨, 남 눈치 안 보는 우직하게 굵은 뼈대, 자화자찬하지 않는 온화한 미소가 첫인상이었죠. 밥을 지을 때마다 당신을 생각하며 한 줌 한 줌 모아 둔 항아리에서 꺼낸 쌀로 소박한 밥상을 차리신 어머니는 허투루 당신의 기둥이 되신 분이 아니었네요.

두껍게 위로 향하다 아래로 내려간 눈썹에서 매사가 분명한 성격이 보여서 당신 뒤로 제가 숨었죠. 귓불은 두툼하게 아래로 늘어졌고 입은 크고 산모양이라 당신 고집 그대로였어요. 밑으로 넓게 향한 인중, 야무지게 다물고 계시지만 두껍고 꼬리가 약간 위로 올라간 입술을 하고 계셨죠. 둥그스름하고 앞부분에 살집이 있는 턱에서 다소 안심할 수 있었지만 깊고 검게 빛나는 눈빛이 제 마음을 읽는 것 같아 조심스러웠어요. 백호살이 있어 물불 못 가리는 성격이라 아버님의 잘못에 물을 가르신 거예요. 홍염살이 있어 타협을 안 하시니 땅을 가르신 거구요. 욕쟁이 할머니란 평판은 차라리 나아요. 정직하다는 뜻이니까요.

당신은 나를 소개하면서 세 번 변한 물과 땅의 침묵을 깨고 어머님의 숨통을 트게 했어요. 당신, 비로소 멋진 남자가 되었어요. 울고, 웃고, 껴안는 수다로 다시 꽃피는 어머님의 집을 지어요. 집이 없던 당신, 오래도록 품이 없던 당신과 다시 시작해요. 물을 깁고 땅을 붙여 어머님 댁에 문패를 달러 가요.

백 · 주 · 또

빌레못가家의 새

새의 깃털에서 다시 봄, 카오스의 꼬리에 물든 영등굿 소리가 얼비친다.
등燈을 달았던 피 묻은 문설주,
소나무 두 그루 사이에 허공을 가두던 탯말의 울음이 즐비하다.
자물쇠도 없이 굳게 닫힌 대문 안으로 노랗게 익어가던 유채꽃
양지가 마당으로 펼쳐지고, 지기地氣가 허한 마을
입구부터 따라온 새의 곡은 살殺과 부정을 저지른 유격과 토벌을 쫓아낸다.

돌담 틈새로 불어오는 과년한 숨골의 바람,
허기진 상여를 내륜의 분화구 속에 묻은 불꽃은 동굴 밖 현생을 기웃거린다.
해원의 바다를 건너간 새의 공명통 속에는 무쇠솥을 숨겨뒀던가,
꺽대기 위의 종교는 최후에도 단잠에 빠져있다.
유격대가 메신저의 소리를 지우며 후생을 시들게 한다.
연두의 싹들은 돌 틈의 무갑 속에서도
무람없이 기지개를 켜는 초토화된 봄,
역설을 통곡으로 반주하는 서까래가 구불구불한 동굴 속으로 이어져 있다.

태양의 광기에 치솟는 분노를 안으로 삭였던
용암평원 지역, 지하의 모국으로
일천 구백 사십 팔 년부터 입도한 순례자들이 있다.
어느 계절, 어느 시절을 지웠는지 알 수 없지만
등에 지고 간 출타한 가족들은 영등의 송별제부터
줄곧 사춘기를 앓고 있다.

서북쪽 7.5㎞에 두고 온 명월포에는
돌로 된 새의 증언을 대신하는 외가外家의 무당이
목숨을 연명한 검버섯으로 피어 다시 봄,
나선형 벚꽃 아래서 음복을 하고 있다.

풍력 터빈(wind turbine)

1.

일하고 눈 뜨고 일어날 채비하고 눈 감는 거예요

친구들과 놀고 싶고 영화도 보고 싶은 나이예요

소처럼 게으른 늦잠을 음악이 깨워 주는 날

소설이 어울리는 일요일을 기다리고 싶어요, 한 번만요, 딱 한 번만이라도

어머니는 큰센바람으로 나를 불리면 마늘밭에서 말라가는 손목, 갯바위의 미역처럼 타들어가는 피부, 아스팔트 가장자리부터 목말라가는 보리 낟알처럼 친구들은 까칠해져갔어요

아버지의 1000cc 적토마를 올레 끝까지 끌고 나가 채찍을 하며 달려가던 곳, 신창 용수 풍차해안도로

바다에 뜬 중국 어선에서 별빛을 지핀 불씨를 얻고서야 겨우 눈빛을 살려낼 수 있었어요

2.

비가 오면 음악을 듣겠어요. 적금이 만기되면 밀린 시를 쓰겠어요. 아들 학원 끝나면 그리워하겠어요

시간을 자꾸 훔쳐가는 보험 설계사, 가족의 대소사, 엄마, 여보, 아줌마, 이봐요,

다음에요, 다음으로 몰아놓은 일과표를 한 번쯤 잊어버리는 일요

일을 갖고 싶어요
하루 종일 나를 찾지 말아줘요. 나도 살고 싶어요
바람개비만 쳐다봐줘서 고마운 날
어리고 값싼 외국 처녀를 데리고 와야겠다고 나를 구기며 웃어대는 남편모임을 몰래 빠져 나왔어요
판촉물 실린 적토마를 끌고 새벽 건들바람 속에 귀를 털고 나면
소주도 물 같은 마흔을 넘을 수 있어요
아직 가지 마요. 나는 아직 그리워할 수 있어요

3.

공부가 최고라는 학교에서 나온 나는 할머니 집으로 왔어요 짠개 적토마를 타고 짜장처럼 검어지는 피부를 가졌어요 단무지처럼 노래지는 흰자위는 니코틴 때문만은 아닐 테지만 짬뽕국물처럼 매워지는 호통은 힘들어요 공부가 가장 쉬웠다는 아버지가 비계를 딛고 올라가는 콘크리트에 매미 소리가 흔들바람처럼 후달리네요 눈에 넣어도 안 아픈 내 강아지 할머니는 늘 웃으며 나를 품어주네요 게임비 같은 내가 다시 가야 할 곳은 일요일이 캄캄한, 풍향계인가요

푼크툼의 제주공항*

- 장경호**, 경호에게

내 몸의 후생이 그리운 날엔 공항에 가는 버릇이 있다

다신 안 볼 사이처럼 사랑한 갑옷 속에 너의 온기가 아직 남았는지, 투구 속의 머리카락은 하얗게 세어버린 너를 기다리는지 궁금했다

초경이 비치던 열다섯부터 나에게 너는 모깃불처럼 타올랐다 저잣거리의 건달처럼 매 맞는 생활을 견디며 수다한 군소부족에게로 흘러온 너는 개구리였다 너는 노예처럼 흙으로 새를 만들고 거북을 만들어 내게 바쳤지 나는 너에게 가려고 비단옷을 벗어버리고 몰래 담장을 넘어갔어 밤바다의 고기를 잉태한 악공의 가야금 곡조가 어둠별로 우리를 비추면 나는 시를 지었지 만선의 시가 노래로 출렁거리고 토우가 가파른 주상절리를 객석으로 만들어 놓았던 사춘기, 외로운 귀양다리에 노래가 없었다면 우리는 사랑할 수 있었을까

벼랑에서 꺾은 꽃은 창을 든 화랑이 아니었어 사통하는 나를 공주로 인정할 수 없다는 아버지의 뜻이었지

너와 떼어놓기 위해 젊고 미려한 낭도들을 소개했지만 나는 국풍의 습속을 따르기 싫었어 너를 죽여야만 우리 부족은 살 수 있다는

원화의 흉계로 너를 물어야 했어 나는 뱀인 거야 너를 죽이는 대신 독신으로 엎드려 가시나무를 등에 업고 누웠지 독널 무덤 안으로 네가 넣어 준 토우들과 나는 지금껏 뜬 눈인 거야

몽달귀로 늙어가는 판갑옷과 손각시로 죽어도 죽지 못하는 금관이 천년을 지나 공항에 나란히 묻혀있다. 그들의 꽃잠 같은 서사를 읽고 있는 나에게 손을 내미는 당신은 이제야 잠이 들려 하시는가

세빙細氷이 걷히자 휘파람처럼 우는 화살이 내 명치로 날아든다 나를 잡은 손각시는 시치미를 떼며 배수진을 친 스피커로 악공의 연주곡을 틀고 있다 가시나무를 걷어낸 정문 너머 활시위를 잡은 그가 시를 읊조리며 오고 있다

* 푼크툼Punctus: '미래가 과거가 되는 곳' 공항은 내 마음에 폭 들어와 눈물이라도 낼 것같이 콕 찌르는 예술 작품이다.

** 장경호, 국보 195호 토우가 붙은 항아리, 높이 34cm, 아가리지름 22.4cm, 미추왕릉지구 계림호 30호 무덤.

배턴터치(Baton Touch)

- 김만덕

1. 후면

묻으로 간 아들 보아라

현기증 나는 그물 속에서 너를 뭍으로 보내 유배지에 살게 하여 고아라는 표식의 그림자가 팔자가 되었구나 사탕발림 계약서를 끊어 봐도 국장은 곡식 1말을 7.8되로 속여 환곡을 나눠주듯 배당금을 속이고 순증과 영업매출을 부조라는 할당제로 받았어라 국장 임기 14년부터 18년까지 점점 줄어드는 학생 수로 회사는 기근이 일어 영업사원이 학교 앞에서 파리처럼 떨고 있으매, 시연회도 날파리, 전화상담도 초파리 신세야 퇴사자는 떼이는 적립금과 퇴사처리 안 해주는 회사에 돌팔매도 못 하고, 남아있는 사원들도 마찬가지라 밤낮 빈자리 몫까지 할당량 채우느라 문서 고문, 욕 고문, 가짜 계약서 고문, 삼재가 겹쳤구나 권당 아니면 살 수 없는 섬에서 한 다리만 뻗어도 다 아는지라 입단속, 몸단속, 팡 단속이 어미의 목숨 같은 부적이니라

우리가 계를 만든 이유를 변명으로 남기노니

내용증명을 들고 본사에 비리를 고변하려 했던 양 아무개 씨는 우리 계대의 발 빠른 협박과 통제력으로 신속하게 처리해야 했다 순

증 기근에 불꽃처럼 나를 바친 것을 후회하지 않는다 지점장과 주임들이 벼슬 품계를 올려 받는 것과 외국여행, 상품권 하사도 비웃었다 나는 끝까지 버텼다 출륙금지령은 몸만 막은 게 아니라 실적과 포상도 금지하는 섬 속의 회사규정에 혀를 비운 지 오래다 회사지점의 대표들이 다리품을 팔아 회원을 유치하고 매출 신장을 했어도 돌아오는 것은 더 높은 할당목표와 7백 리에 이르는 사원들의 빈곤한 자리였다

우리가 전국매출을 장악하고 회사를 키웠어도 세 번의 신으로 본사의 뼈를 녹이지 않으면 안 되는 됫박 놀음에 지쳐갔다 내가 죽거든 꽃이 만발하고 새가 지저귀는 초원에 어미 집을 지어다오 나비처럼 정원을 가꾸고 싶구나

아들아, 너를 호적에 두지 않고 미혼처럼 버티며 회사에 붙어산 어미를 용서한다면 뵡에서도 당당하게 당당하시게

2. 右

1739: 탐라에서 出

1812: 74세로 卒

3. 左

「회사」의 졸기*

이곳에는 국장조차 그 앞에서 벌벌 기게 되는 당당함과 회사에서 밀어주던 의인이 잠들었다 회원유치와 학부모 상담, 매출 신장에서 참다운 경지를 신기하게 깨달은 그는 때로는 하지 않아도 될 직언을 잘 했으나 사원들은 그것을 비판할 수 없었으며 동료들과 화합하여 울연히 회사의 전설이 되었다 신입일 때는 영특하여 이름을 매출 집계표에서 날렸으나 중도에 전 회원과 실적을 풀어 사원들에게 내어 놓으니 온갖 회사방침의 변화에 쓰임을 당하기도 하고 버림을 받기도 하여 빛나고 물러나기를 하며 졸업했다 재산을 사회에 기부한 말년은 대팽과 고회를 즐기며 자칭 오드리 헵번이란 칭호를 좋아하기도 했다

4. 전면

萬德지묘 대신 會社可笑**로 써다오

5. 별지첨부

호석으로는 12지신상과 장미문양을 양각하고, 망주석으로는 아이들로 먹고 살았으니 동자석상을 부탁한다 장명등으로는 조도가 낮은 붉은 등으로, 석인으로는 악사들이 좋겠구나 석마는 빨간 마티즈 모형으로 해주렴 혼유석과 상석은 안 해도 될 성싶다 홍살문에는 아치형 금귤 나무로 장식해다오

* 조선왕조실록의 추사 김정희 졸기 변용.

** '도리에 어그러진 네 글자' 때문에 어머니의 유언은 물거품이 되었다. 금생수 수생목 물고임 개장지에 비석 하나 없이 바다가 훤히 보이는 돌고개의 정상에 평장되었다. 회사는 비자나무 관을 짜서 예우를 했다고 회보지에 실었다.

양제해

- 사실 나는 바다를 건너는 양제해다. 이렇게 이백 년 전의 고변을 할 수가 있다는 것은 지리멸렬한 싸움꾼의 얼굴을 한 삼다의 물을 마신 까닭이다.

1.

라고, 적어 놓은 시차가 삼다의 물속으로 도착한다. 정확히 이백 년 전의 그날이다.

절치는 파란을 맞장구치며 건너야 하네. 숨비기꽃 긴 틈새에 나앉은 초가, 고단한 사람잡이로 실컷 울고 싶던 고향집을 등지고 건너고야 말 일이네. 물속에선 물의 온도를 잊고, 불 속에선 불의 온도를 잊어야 여우누이를 이기는 거라 했네. 모든 걸 바쳤지만 빚져 울고, 위약벌금에 배길 수 없는 다단계의 손아귀를 피해 테우의 노라도 저어야 하네.

누가 출륙금지를 말하는가.
이름 없는 바람이 몽골에서 불어올 때도 사막을 물에 가둔 들꽃들이 아니었는가.
몸을 말릴 새도 없이 지붕을 이을 새 없이도
바람을 맞고 자란 해녀콩 줄기로 뻗어
잘도 뿌리를 이었더니만.
척박한 돌섬의 권당들 경조사마다 찾아다니며 연줄연명 했더니만.

누가 소장을 쓸 수 없는 까막눈이라고

파도 절치는 섬 안에서 역적으로 둔갑시켰던가. 출가하는 늦깎이 늙은이처럼 아이 키우며 바짓단 다 젖도록 북향하던 들꽃들에게 파도의 지층 속 따귀와 퇴출만을 일삼던가. 변론이 없다네. 납득이 없다네. 고로, 바다를 건너야 하네.

이봐, 제해

꼭 바다를 건너서 숨비기꽃 같은 우리네 파란, 사리콩 기억하라고 사람 목숨의 온도를 잊지 말라고 꼭 전해줌세.

귀 기울여라, 귀 기울여라 활착*씨의 고변.

이백 년 전의 눈물을 삼키다 뱉지 말고

이제라도 정직하게 정연하게 정갈하게 풀어줌세.

이제라도 아이들이 살 수 있는 고향집에 사람빚 지지 말고 권당끼리 능 돌리지 않게 소장 다 모아 빚 대신 신** 대신 별빛으로 파도와 맞장구쳐라. 쳐라,

달팽이 뿔이라도 들이박다 보면 들리지 않겠는가.

제해. 이보게,

부디 바다를 건너게.
건너가 소리 지르다 보면
섬도 숨통 트여 울고 싶지 않겠는가.

삼다의 물은 지금 이백 년 전의 목소리를 풀어 말하고 있다. 그날이다,

* 옮겨 심어지다. 빙의.
** 제주의 상찬계에서는 돈을 신이라 불렀다.

4부

눈물을 마시는 새*

- 오일장에서 대장간 돌아돌아 빙떡 물고

동상 걸린 새, 대장간에서 아랫도리를 녹이네
대장장이의 망치는 본디 뜨거운 수컷
날름거리는 불잉걸 혓바닥으로 애무를 하네

저 혼자는 살아도 사는 것이 아니네
제 속을 비운 메밀과 순결한 무 밑동이 한통속
입안에 알싸한 신열 홧홧 터지네

깊은 산 속 독경 외는 무당나비 불러들이다
된서리 맞은 매궁賣宮**, 허드렛물처럼 버려졌던가

하마 인생이 그런 것이려나
흰 눈雪 찢으며 초록으로 돋는 시여,
봄날만 같아라

* 이영도의 소설 제목.
** 아이를 낳은 비구니의 자궁을 말한다, 발각되면 얼굴에 활촉으로 상처를 놓은 후 산 밖으로 쫓아냈다(삼국유사).

가을 한라산

허둥대는 내 뒷덜미를 잡고 귓속 가득 너만 이야기하는 가을

낙엽이 나자빠진 한라산이
다만 붉어져 어쩔 줄 모른다
너와 나를 어쩌지 못하고 숨기는 저 산,
탄로날 변명 혹은 뻔한 거짓말
부끄럽지 않게 너와 내가 놀던 산,
저 혼자 속이 타는지 확확 번지는 불안으로
우리를 붙잡으려 활시위가 붉다

순리대로, 반듯하게, 정해진 대로
붙잡지 않고 달아나는 우리는
신탁의 영원한 도망자

성읍, 지나가거든

그때는
내 읍성을 보여줄 수 있어서
행복했다

문 앞을 지키는
돌하르방

그대가
생것일 때
나는 숨 쉬고
살고 싶었다

유배지에 띄운 편지

- 송악산, 조류 따라 도착하는 편지

선장을 닮은 남자가 있다
낮의 소소한 일상마저 충돌하고
뭍의 가정도 가정법을 허락하면서
노트북 하나 달랑 들고
마라도로 멀미하듯 스며든 남자
풀 한 포기 허용하지 않는 머리에
한 달, 두 달 근심을 더하며 낚시 중인 남자
웃음, 월급, 회 한 접시와 소주 생각
삼사일 풍랑에 흘려보내 중심 잡는 바다만 바라봐 주면
이따금 글발도 살아나 꽃을 피우는 한달음 산책길
만월처럼 달과 마라도가 배를 맞추는 날엔
숨소리도 뒤척여 손가락 마비가 오지만
은하수 같은 문장 깔고
묵혀둔 가계도에 취하면
잠시 몸이 가벼워, 다시 서는 남자
그가 쏘아대는 명문장, 별빛으로 바스러져
눈에 내리면
귀까지 밝은 바다는 뭍의 구석구석까지 말을 풀어놓는다

굿, 바이 베릿내

- 오늘 오늘 오늘의 말씀이라*

바늘귀로 한라산 열두 배 속을 채우려고
이승의 밥상에 붙어 극락을 못 가는 나,
문지기 오방각기야** 열쇠 딸각 이는 오방각기야
이승의 인연 잊어야 가네
당당 당당당***당당 당당당 당당 당당당 당당 당당당 당당 당당당 당당 당당당
당당 당당당 당당 당당당 당당 당당당 당당 당당당 당당 당당당 당당 당당당

먼저 가신 어머니 뵈러 가는 길
입으로 지은 전상, 어깨에 짊어진 수록
빈 주머니 되는 날이라
이승의 말솜씨 먼지로 날아가라
니나난니 난니야****니나난니 난니야 니나난니 난니야 니나난니 난니야 니나난니 난니야 니나난니 난니야 니나난니 난니야 니나난니 난니야 니나난니 난니야 니나난니 난니야 니나난니 난니야 니나난니 난니야

천제연에 마르지 않는 눈물 내려놓고

푸른 용 노란 용이 여의주를 물고 왔네
당클 위에 앉아 내가 짓던 베릿내의 별 문양 옷을 벗네
노랑나비 황토나비 잠시
시상 아직 떠올라 빙빙 돌다가는 광명사
지전 쥐어준 손들 잡고 맞절하며 49재 길을 닦네
칠, 칠, 칠성이라, 임진년 칠월 초파일
별이 지고 뜨는구나

다시 시작하고 싶어, 가는 어머니 집

오널 오널 오널의 오럴이라 오널 오널 오널의 오럴이라 오널 오널 오널의 오럴이라 오널 오널 오널의 오럴이라 오널 오널 오널의 오럴이라 오널 오널 오널의 오럴이라 오널 오널 오널의 오럴이라 오널 오널 오널의 오럴이라 오널 오널 오널의 오럴이라

오널 오널 오널의 오럴이라 오널 오널 오널의 오럴이라 오널 오널 오널의 오럴이라

서늘한 강단, 아끼던 바늘귀의 혀

오널 오널 오널의 오럴이라 오널 오널 오널의 오럴이라 오널 오널 오널의 오럴이라 오널 오널 오널의 오럴이라 오널 오널 오널의 오럴이라 오널 오널 오널의 오럴이라 오널 오널 오널의 오럴이라 오

널 오널 오널의 오럴이라 오널 오널 오널의 오럴이라
오널 오널 오널의 오럴이라 오널 오널 오널의 오럴이라
오널 오널 오널의 오럴이라

* "오널 오널 오널은 오널이라"의 변용.
** 오방각기: 신들을 불러놓고 굿이 끝날 때까지 가지 못하게 문마다 두 개씩 붙여놓은 기메.
*** 석 살림 굿에 나오는 랩.
**** 용 놀이 굿에 나오는 랩.

애기구덕

청동어 소리에 귀만 밝은 잠을 자는 아이가 까륵,
잠꼬대처럼 까무룩 잠든 젖무덤
삼승할망의 자분자분한 손짓으로 열꽃 서리던 백일이 지나던 무렵이었나

조밭 지나 서름한 허수아비 찾는 참새가
웽그렁 모빌소리로 헛기침하면
돌아오시던 어머니,
내리 딸만 낳아 구박받던 애기구덕의 매듭 매고 가신 날부터
무덤을 열고 아이를 안으러 오신다

사악스런 구덕,
엎어버리고 나가시던 할머니에 대한 경계가
굽어진 길에서 풍뎅이처럼 부푼 적의로 남아 세상을 겨누지만
어머니는 아직도
구덕을 흔들던 소리 못 잊어
휘리릭 무덤을 열고
웡이자랑 웡이자랑*
구덕을 흔들러 오신다

* 자장 자장(자장가).

아이 걱정

자파리 ᄒᆞ민 안 된다이
ᄂᆞᆷ 다 믿지 말곡,
이녁 밥그릇은 이녁이 정 다니는 거여
ᄂᆞᆷ의 집에 동녕바치ᄎᆞ록
돈 빌리레 뎅기지 말곡
밥 얻어먹젠 축산이ᄎᆞ록
이리 기웃 저리 화륵ᄒᆞ당
ᄂᆞᆷ 좋은 세상 다 간다이
경ᄒᆞ난
ᄂᆞᆷ의 집에 강 사름 구허지 말곡
이녁 자식 문장 ᄀᆞ리쳐야 산다이
조상이 눈물나민 그 집안은
ᄁᆞᆺ난 거여, 알암시냐

난장판 만들면 안된다/ 남을 다 믿지 말고/자신의 밥그릇은 자신이 짊어지는 거란다/ 남의 집에 거지처럼/ 돈 빌리러 다니지 말고/ 밥 얻어먹으려고 몹쓸 귀신처럼/ 이리 기웃 저리 기웃 하다간/ 남 좋은 세상만 다 간다/ 그러니/ 남의 집에 가서 인재를 구하지 말고/ 자기 자식은 공부를 시켜야 한다/ 조상의 눈에 눈물이 나면 그 집안은 끝난 거란다, 알겠느냐.

반 테우다*

- 식게집 뷔페

육고비 너머 남몰래 울어주고 손가락질받는 할머니가 식게에 안 와서, 마씸

끅신 신고 궤의 다리 지나 떡도구리 대신 골채에 반 챙겨 가신디, 마씸

오밤중이라 컴컴한 할머니집 문지방에 서서 할망~ 할망~ 불러신디, 마씸

귀가 안 들리는 할머니, 배롱하게 싼 각지불이 아룽아룽 비치는 걸 보니 자고 계신 거라, 마씸

반은 테워야 집에 갈 거라고

불 맞은 돌로 항에 맞춰 소리도 내봐신디, 마씸

곱들락한 사과, 전, 산적, 빙떡, 할머니 좋아하는 거 이런 때나 나눠 먹는 거라고

코고는 소리만 들리는 창호지문에 긴 꼬챙이를 찔러 넣고 더듬더듬 할머니를 깨워신디, 마씸

깜짝 놀란 할머니, 간 떨어지는 호통에 쏟아버린 골채 안의 반

그날부터 할머니 꼬박꼬박 식게 먹으러 와서 나를 부르는 거라, 마씸

이 궁퉁이 막아진 년아!

–제삿집 음식

무당 할머니가 제사에 오지 않았어,요/ 짚신 신고 궤짝 같은 좁은 다리 지나 떡함지 대신 삼태기에 음식 챙기고 갔는데,요/ 한밤중이라 캄캄한 할머니집 문지방에 서서 할머니~할머니~라고 불렀는데,요/ 귀가 어두운 할머니, 희미하게 켜 등잔불이 아롱아롱 비치는 걸 보니 자고 계신 게 분명한 거예,요/ 반은 드리고 와야 집에 갈 거라서/ 송이돌을 던져 물항아리에 맞춰 소리도 내봤는데,요/ 먹음직스러운 사과, 전, 산적, 빙떡, 할머니가 좋아하는 거 이런 때나 나눠먹는 거라서/ 코 고는 소리만 들리는 창호지 문에 긴 꼬챙이를 찔러 넣고 더듬더듬 할머니를 깨웠는데,요/ 깜짝 놀란 할머니, 간 떨어지는 호통에 쏟아버린 삼태기 안의 반/ 그날부터 할머니는 꼬박꼬박 제사에 오셔서 저를 부르는 거예,요/ 이 요령 없는 년아!

* 잔치나 제사 후에 여러 가지 음식을 조금씩 담아 나눠주는 것.

강물을 보여 줘요, 로즈마린

강물이 있어?
음, 보여줄게

새벽 한 시가 되면 포구는 물갈이한다. 잔주름이 차오른 기타줄로 7080의 노래를 틀고 다보록한 문장으로 들어앉은 연인을 위한, 로즈마린의 갈라쇼를 위한 도대불, 도깨비불, 각지불, 가슴불

다들 불 밝힌 눈화장 같은 호텔, 모텔, 칠십 리의 불빛이 꺼져야 웅숭한 검은 빛 떠오르는 로즈마린의 쓸쓸쌉싸름한 눈동자

장밋빛 고래를 잡으러 그는 떠난다고 했다.
이 지역은 그가 「천연기념처녀림」으로 나를 남겨둔 곳, 제327호 원앙과 제258호 무태장어와 함께 제27호 구역에서 후손 만대에 물려줄 고귀한 국가 유산이라고 팻말 하나 남겨 둔 채, 돌아올 고향이 필요하다며 나를 묶어 놓은 로즈마린, 강물 같은 노래가 새벽까지 차오르는 쓸쓸달콤한 눈시울

서귀포의 행동제한 반경구역.

금능으로 돌아와 줘

파도의 뱃속을 차며 솜털 같은 고동이 피었어

너울로 춤추던 밀물을 무릎 꿇고 업어주던 너

돌아오기 위해 남긴 금빛 등고선들
등 뒤에 남긴 눈빛이 오래 젖지 않게 꽃게 발로 모래 모종을 심으러 오겠지

발자국 위로 숲이 자라는 맨살에서
말할 수 없지만
잠시만이라도
쪽잠처럼

빈집의 오르골

- 영남리 마을

배냇짓의 옹알이 소리
자꾸만 허기져 섯가리에도 피어난 메밀꽃 몇 포기
임자 없는 층계밭을 지킨다
마른 젖을 먹이려고 신문 빠져나간 어머니의 산담은
아직도 골骨에 머문 젖냄새를 기억하고 있다

엽전의 사각지대에 깃든 호곡소리는
태동을 숨기고 위장전입자처럼 살게 했다
1원에 땅을 팔고 궐석재판으로 죽은 자의 땅을 되팔아 연명하는 마을
증거인멸을 할 수도 그들을 원점으로 데려올 수도 없다

예광탄이 태풍을 맞서고 있을 때마다 구덕에 눕혀
어머니는 경기 든 목소리로 자장가를 불러 주었다
입술 터지는 대나무의 메아리 밭에서 회전목마처럼
열 손가락 지문으로 살 썩는 주름을 펴
자꾸만 되짚어 주소를 가르쳐주던 어머니

그래도 어머니 산담 뒤 대나무만은 도도하다

만월滿月이 바람 든 땅의 주름으로 짓쳐 들어가 뿌리 다리던 곳
피부를 갖지 못한 검은 뼈들이 수런수런 청죽青竹 되어
이재수의 난부터 강정까지
파도 절치는 만장으로 하늘을 휘가르고 있다

귀눈이 왁왁도 하여라
허기가 질 때마다 찾아오는 수취인 없는 집
옹알이가 멈춘 빈집에는 문패가 없다
밥 짓는 굴묵연기 사라지고 아이들 글 읽는 소리 들리지 않는다
돌담 넘겨줄 사람꽃 대신 고구마줄기 호박잎만 시든 손내미는
가을에도 봄꽃이 피는 상실의 마을
사십팔년 십일월 눈보라를 버텨낸 팽나무 앞에서
내 등에 업혀온 공명통 하나가 태엽을 푸는 옹알이로
정낭을 열고 있다

트라우마의 트랙

신새벽, 등굣길의 건널목에 서서 출석부를 부르는 할아버지 작대기 하나 잡쥐고 먼 곳을 바라본다 그는 아직도 49년 초등학교 학살 현장을 어슬렁거리고 있다 어찌하여 사람 다 죽은 땅에 초등학교가 세워졌는가, 벌떡 일어서는 부지깽이가 사나워진다 운동장에 들어서는 현생의 아이들과 방역하듯 스러져간 주민들 하나아 두울 세엣…… 오늘은 부디 숫자를 채워야 할 텐데 작대기로 긋는 투철한 신고정신, 바를 정正 늘어가는 나달나달한 수첩

전생을 가두어 놓은 적멸의 한낮, 밤새 컴퓨터 접속하는 노총각 수학원장의 핏발선 눈동자 흩어진 신발 오물로 채운 화장실 이중으로 잠근 문은 눈물 흘리는 한낮을 거부한다 아버지가 빼앗은 땅문서들이 불모의 관棺 속에 쌓여 있다 죽은 자들 입단속 시키러 드나드는 동안 아버지는 벙어리인형이 되었다 겨우살이 벌레 자양분으로나 쓰인 땅문서, 휴지처럼 구겨진 땅문서 그 위에 새겨진 고사목 같은 이름들

질주의 속도로 글을 써낸 다 저녁때, 노 소설가 연극처럼 우는 죽은 가해자들에게 무엇을 묻고 있는 걸까? 평생 진실을 추격하던 공방전 구사일생으로 살아난 폭도들과 빨갱이가 뒤집힌 사건을 추궁

하고 있다 꿈속까지 흡기吸器한 불행한 기호들의 호명은 다음 지도자를 간택하는 부의봉투의 나이테, 그는 적고 있다 받아 적고 있다 그의 귀에는 들리고 있다 뒤바뀌었어 뒤바뀌었다고 두 눈 번쩍 뜨는 이명의 소리들

달빛 휘휘한 축문의 새벽, 신랑 제 1948년 12월 18일 모모某某 씨와 신부 제 1948년 11월 6일 김옥순, 마음을 바꾸면 살 수 있다는 공권력의 총칼 앞에 전 아직도 그이를 사랑합니다 어기찬 회초리에도 거짓말을 뿌리치신 이모님, 흩어진 농기구와 애물단지 인형 모아 영혼결혼식을 치르는 빗자루병 걸린 다랑쉬 굴의 현세에서, 빨갱이라던 그이가 이제는 아니라고 말하지 않습니까? 그렇다면 그이를 사랑한 연인의 죄명은 무엇입니까?*

* 임무현 변호사의 변론 인용.

불행한 서정시

단내 풍기는 입술을 제 몸에 새긴 새여
두서없이 쓴 편지는 저고리 얼룩으로 피었구나
새벽을 회치는 여문 보리와 납작 엎드린 집의 군불이 꺼지다

날이 선 영혼의 입 벙긋으로 서러운 비새여
한라산 중턱의 통증 앓는 나무에 앉아 노래가 되었구나
신불 연불 그슬린 목소리로 참수당한 허공을 그리다

외눈의 시대에 주춧돌 위 낭자한 총소리는
어긋난 발자국들 잡고 칭얼대는 바다를 태사르다

아, 사월
소지를 태우는 수의 없는 자유여
돌담구멍의 바람처럼 오월의 철쭉향처럼 노래하며 날아가라

돌아보지 마라
이제는 오지 마라
누이의 질긴 검정 고무신 신고
뒤뜰로 무성한 대나무의 울혈 마시는 새여

마지막 마서방*

의귀리의 감목관 밑에서 일할 무렵, 일백육십오 리 한라산의 잣석 왕복하며, 어러렁어러렁 말테우리로 살 때

운이 좋아 헌마공신 밑에서 한 소장의 산마장을 맡고, 육십 종류 말의 성깔 다 비위 맞추면서 잣질 내는 동안 아득바득 백총처럼 나이 먹고 있었는데

늦게 얻은 딸아이 집을 나가 버린 거라, 진상 못 해서 중인들 모두 말테우리가 되어버리는 터라 어떻게 양인과 결혼할 수 있겠냐고 달래고 달랬더니만

딸아이를 찾은 곳은 어릴 적 광간저니랑 놀던 윤낭동산의 인동꽃 우거진 물가였습니다 오름부터 물통까지 하얀 물색천이 열여덟의 몽생이로 피었습니다 사랑도 목숨도 자유를 찾아 하룻밤 사이 길을 냈습니다

여섯 밤눈의 등을 켜고 딸을 태운 야생마가 일등 공마가 되어 천상으로 진상 가던 날, 음력 칠월 십사 일의 달이 새끼를 낳던 날

* 마서방: 잃어버린 말을 찾아주거나, 말이 죽는 날을 알아맞히는 말 전문가.

비자림

이곳에서 당신은 천 년 전의 사랑으로 출발해요

송이송이 내리는 꽃비와 우레비 지나
회전 날개의 붉은 단풍 내리면
눈도 송이송이 다시 도착하겠죠
불탄 자국 돌을 송이라 부르는 비단길을 걷다 보면
마법이 펼쳐지는 엔트족의 마을이 보일 거예요
천 년 전처럼 비자왕께 소원을 빌어 봐요
둘레둘레 둘러보면 왕의 두 딸도 크게 자라 있을 걸요
연리지에 묻은 연서는 천 년 뒤에 밝혀진 당신의 필체
광화문 돌담길에서 헤어진 당신, 이곳 돌담길을 걸어보아요
쉿! 천천히 시작해요
신들의 정원에서 들어봐요
지구 반대편에서 불어오는 엘프족의 타전소리
들었다면 당신도 엔트족의 명예시민
영원한 사랑증서를 드릴게요
하늘에서 땅으로 내리는 송이송이와
꽃이 이슬로 변신하는 송이송이의 숲
당신의 불 덴 심장에

마법이 쌓이는 사랑

이제까지 천 년을 살아온 당신, 다시 출발해요

이호해수사우나벽화도

뭉게구름 몇 점, 파란 거울 같은 하늘, 갯바위에 앉아
몸을 말리며 앉아 있는 인어의 등은 뭍을 등지고 있다

인어의 어깨를 타고 흘러내린 머리카락이 가끔씩 휘었다

수평선에 있는 몇몇 돌탑 같은 섬에 갈매기가 날아든다
해안선의 인어는 은빛 비늘을 그는 화색의 털을 덮고 있다

돌 틈이 잠긴 바다에서 돌고래떼가 불꽃으로 뿜어졌다 잘게 부서
진다

갈라진 물 주름을 찾아, 눈빛으로 친히 이어주는 선이 되어
하늘과 바다의 맞물린 이빨을 덮었다

마르고, 넘쳐나고, 당기다가 잠시 침묵하던 연애가 이곳까지
물길을 놓아 사람의 말들을 키워냈을까

수증기의 한 생에서 지워진 인어족을 내가 찾아내었다면,
인어와 인어人語로 이어진 천지간의 차오르는 소금이 되어

빈혈로 쓰러지는 여인들의 주름을 대신할 지느러미를
찾았다면

등 뒤에 앉아 이어도의 전설을 듣는 이는 오직 인어뿐,

갈매기 날갯짓에 흰 파도가 털갈이하는 새벽달
나는 그림 속의 인어가 된다

책들아, 소풍 가자

책 속으로 소풍 떠났던 아이들아,
우리 할머니가 들려주시는 옛이야기를 들으러 가자
우리 할머니는
백설공주보다 신데렐라보다
지혜롭고 강인한 여장부였던
산방덕이와 설문대 할망, 자청비와 가믄장아기까지
제주도의 공주이야기를 알고 있단다
날개를 달고 태어난 장수가
꾀 많은 한라산 도채비와 놀고
늠름한 돌하르방과 대별왕 소별왕 이야기 속에서
천 년을 지켜온 제주도 이야기와
살아온 날들이 소설책 100권쯤 되시는 할머니가
겨우내 너희를 기다리고 있단다

함께 소풍 떠났던 아이들아,
영어 학원, 수학 학원 다 가야 하지만,
숯 한 자루의 가슴을 태우시며 아이의 목소리를 그리워하는 곳으로
좋은 책 많이 들고 가서 읽어드리자

평생 우리 위해 여행이 뭔지 모르며 이 바당 저 바당 숨비소리와
밭담 구멍 숭숭 뚫린 고랑이 전부였던 할머니께
세상의 이야기를 램프에서 꺼내 보이자

내 손주가 들려주는 세상의 모험담을
온 동네 자랑하며 굽은 등 펼 수 있게
웃음 꽃씨 뿌리러 가자
오래오래 살고 싶다는 희망 심으러
온 세상아, 함께 가자

불투명한 언어

\- 초원 지나 충혼묘지가 청룡부대의 슬하라면, 보이지 않는 손은 신의 눈을 가진 여자의 배후일 것이다 언필칭, 빙빙 도는 탐라병탄*이 속 좁은 함정이라면

탐라를 고려에게서 떼어낸
처음부터 나는 몽골 여자
내 나라가 두 외세에게 얻어 온
항파두리성에서 태어난 목호의 딸일 거야
백 년이나 마름질한 초원에 내리는 숫눈송이 같은
살아 있는 화석일지도 몰라

속이 마를수록 깊어지는 까만 눈은
어쩌지 못하는 베트남 여자
아버지의 포화 속에서 얻어 온
태극무궁훈장은 베트콩이 발화한 씨앗일지 몰라
다낭의 항구에서 푸른 비늘의 용이 낳은 알 중에
차마 버릴 수 없었던 아버지의 왼쪽 눈알에
박힌 탄피일 거야

갈색으로 변하는 내 잎 좀 봐
처음엔 나도 늘푸른나무인 줄 알았어
우직하게 솟는 갑목의 몸뚱이를 봐

마주나는 잎 모양새며 삐죽초록가시가 맹렬하게 배치되었잖아
무저갱에 미운 오리털로 떨어지는 겨울의 알몸을 보라구

만화방창한 미사여구로 빨리빨리
탑사발 라이따이한 메타세콰이아로 끓고 있는
만국기쇼핑몰 관광버스 속 내 이름

아버지, 다음은 어떤 피로 낳아드릴까요

* 김삼웅, '한일병탄' 변용.

다금바리 왕자와 밀감 공주

아주 오래전부터 내려오는 왕자의 전생을 샤먼이 아니어도 알 수 있다 너는 첫 돌 상에 차려진 미역국에서부터 몸을 풀며 내게 왔다 너는 현생까지 따라온 내 왕자님, 최초의 울음에 섞여 부는 섬의 마법이었지.

너는 열대우림의 바다였고 산호모래에 누운 드래곤이었다 하늘을 날던 네 습성이 바닷속을 가르며 등지느러미의 비늘을 털어낼 때부터 암시는 시작된 거야 너는 장난처럼 플랑크톤을 먹거나 작은 새우 따위를 사냥하는 걸 좋아했어 남겨진 속도의 전언은 이미 너의 것이니 무얼 더 포획할 필요가 있을까, 은둔하던 너의 암초에 강한 가시가 자꾸만 돋아나 너의 몸을 덮고 있었기에 슬프도록 투명해지는 황금빛 지느러미, 톱날이 되어 불어나는 너의 명성이 황금사냥처럼 세상에 드러난 건 너의 비겁 때문이야.

영혼을 긁고 냄새 맡던 내 노래가 누구의 목구멍을 울렸을까 알싸한 운향이 화산회토의 땅을 견디며 따뜻한 봄바람을 품고 겨울에 풀어져 날리는 것은 나도 어쩔 수 없는 눈꽃 같은 본능, 배반의 살갗을 얼음벽으로 착각하는 이 세계에서 우리의 계절은 몇 개로 나누어 우는 긴 매혹일까.

가장 가까운 전생에서 나를 지켜본 사람에게 고백하라면 난 완벽한 완숙의 공주가 아니었어 매달리지 않으면 금세 시들해지는 나는 햇살의 부축을 받은 석양의 행복한 여행과 떠나간 여행자들의 손안에서 소문으로 완성되었어 벗겨도 벗겨도 신비한 남쪽나라 공주이야기를 황금으로 칠한 책들이 마음더듬이가 긴 사냥꾼의 구두점으로 완성되어갔지.

내가 직립한 너는 왕자님, 네가 움직이면 영글어 가는 나는 공주님, 어느 다가올 내생을 말하는 샤먼이 아니어도 서너 살짜리도 아는 우리의 이야기를 들으면 놀라지 마법의 섬에서 흔들리는 고백을 들어도 비겁하지 세상의 황금사냥꾼들에게 펼쳐진 우리의 이야기를 들려줄게 돌아갈 땐 입맛으로만 기억되어도 어쩔 수 없는 것은 우리의 마법을 먹었기 때문.

시청 앞 어머니 빵집

태풍이 불어도 어머니 빵집은 슈크림이 달콤해요
빗방울 연주를 들으며 들어선 곳
커피 속 형체 없이 진한 향수만 한 모금 삼키는 나,
창밖엔 빗방울만큼 사람들이 뛰어가고
뛰는 가슴만 내 것인 너는, 웃을까봐, 안부문자만
나인 듯 보내본다

그곳에도 똑같이 태풍은 불겠다고

태풍이 불면 술이 마시고 싶어, 나를 거절하지 않던 너
비를 피해 슈크림은 달콤달콤 커피번이 고소고소
케이크들의 잦은 레이스가 간지러워 질투질투
이 수군거림을 너에게 들려주고 싶지만
태풍 부는 날, 보다 웃겼을 나를, 보고 더 웃을까봐

우산 속 아무도 관심 없는 소란

좌충우돌 상상력과 다리품이 빚어낸 현대판 탐라순력도

조중연(소설가)

1. 김병심 시의 흐름

『신, 탐라순력도』는 김병심의 네 번째 시집이다. 등단하고 나서 십수 년 동안 네 권의 시집을 냈으니 꽤 부지런하게 시를 썼다고 볼 수 있다. 첫 번째 시집 『더 이상 처녀는 없다』는 20대의 홧홧한 청춘과 불안한 미래에 대한 두려움을 사실적으로 그려 꽤 아프게 읽힌다. 두 번째 시집 『울내에게』는 소소한 일상 위주의 시가 대부분이지만, 세 번째 시집부터는 맛이 달라진다. 세 번째 시집 『바람곶, 고향』에서 시인은 난데없이 제주도의 여러 지역과 문화에 대해 시를 적기 시작한다. 지금까지 자신이 관심을 갖던(특히 두 번째 시집) 소소한 일상사에서 벗어나 제주의 자연환경과 역사를 소재로 한 작품에 천착하는 모습을 보인다. 그것은 이를테면 한라산 어리목 코스의 좁은 계단 길을 올라가다가 선작지왓에 이르는 너른 벌판을 목격했을 때의 황홀함이 '영원한 지금(eternal now)' 으로 이어지는 것과도 같다.

세 번째 시집에서 시도했던 실험은 이번 네 번째 시집에 이르러

더욱더 성숙해진 느낌이다. 일회적인 감상을 뛰어넘은 애정 어린 표현들은 눈앞에 광경이 펼쳐질 듯 선연하고, 경쾌한 호흡의 시어는 상상의 세계를 넘나들며 활어처럼 팔딱팔딱거린다. 이야기와 회화적 요소에 많은 공을 들인 결과이다.

2. 제주 역사의 바위그늘자리

온 나라가 황달에 걸려 누렇게 뜬
밤낮없이 사이렌에 쫓기던 시절
유곽에서 옷고름 풀었네
마른 젖으로는 회 앓는 아이들 배를 채울 수 없었네

솥단지 자리마다 거미줄 어지러워
놀음판에서 개평도 건지지 못한 바람처럼
유곽 나간 쉬잇, 과부 딸년
가래침처럼 때 전 유리창 사이로 기다리던 아버지
그르렁거렸네, 휘어진 손끝엔 한숨 전 니코틴이

오염된 링거로 영양제 맞던 모래의 곶
바람마저 빨간색으로 개칠되어 허랑하게 떠돌던 시절
산으로 올라간 그이는 소식 끊긴 지 오래고
정절 따위가 무슨 소용이 있었겠는가

더럽다며 침 퉤퉤 뱉던 대정현 성밖 유곽에
지금은 말하는 꽃 피었네, 임자 없는 꽃 흐드러지네

—「모슬포, 유채꽃 흐드러져」 전문

먼저 한국전쟁 당시 육군 제1훈련소가 있었던 대정현의 모슬포로 가보자. 낙동강까지 밀린 남한 정부는 반격을 꿈꾸며 모슬포에 훈련소를 세우고, 피난민들은 좀 더 안전한 땅을 찾아 국토의 마지막 섬 제주도로 꾸역꾸역 몰려들고 있다.

섬 본토박이 여인의 남편은 4·3사건 때 산으로 올라가 연락 끊긴 지 오래고, 시아버지는 휘어진 손끝으로 담배나 축내며 그르렁거리고 있다. 아이들은 회를 앓고 있고 솥단지 자리에는 거미줄이 어지러이 뒤엉켜 있다. 여인은 '놀음판에서 개평도 건지지 못한' 사내처럼 허청허청 유곽으로 나간다. 수모와 멸시를 뒤로 한 채 생존을 위해 군인들에게 몸을 판다. 그런 여인들이 많았던지, 군인들이 뿌려놓은 임자 없는 꽃이 지금은 흐드러진다는……. 시대의 암울함과 고통이 매 문장마다 올올히 아로새겨져 있다. 유채꽃을 바라보며 쓴 직관과 역사적 상상력의 산물이다.

> 몽골의 노략질에 치가 떨려 사람으로 환생하지 않는 소와 말들/ 서른여덟 내 나이만큼 연대를 만들고 아홉의 진을 껍질로 만들어도/ 연좌의 군역을 내려놓을 수 없던 탐라, 서러운 삼무
>
> —「여정, 물로 뱅뱅」 부분

사실, 제주섬의 역사는 한마디로 고난과 수탈로 얼룩져 있다. 탐라국은 고려조에 복속되어 몽골의 지배에 놓이고, 자연스럽게 조선의 영토 안으로 편입되었다. 조선시대에는 중앙정부에 온갖 진상품을 올리고, 육지에서 파견된 중앙관료의 뒤치다꺼리를 하느라 백성들은 눈에 고름이 고일 지경이었다. 놀라운 것은 고려시대부터 여정이라 불리는 여자 군역자가 있었다는 사실. 오죽하면 소나 말도 탐라사람으로 환생하지 않는다는 말이 나돌며, 오죽하면 바다가 안쓰러워 진상품 닦달에 내몰린 보제기에게 보들레기며 김이며 톳이며 미역이며 전복을 부조처럼 내밸겠는가.

3. 제주문학의 거대 서사 – 4·3사건

제주섬의 역사 중 단연 최고의 비극은 1948년에 일어난 4·3사건이다. 도민의 1/10인 3만 명이 희생될 만큼 제주섬은 학살의 섬이었다. 그에 따른 비극은 김병심의 시 곳곳에서 발견된다. 그것은 "나는 아무것도 못 봐수다", "나는 아무것도 못 들언", "(나는) 말 ᄀ를 줄 모르는 물토새기우다"(「동광 육거리, 이장묘를 지나」)로 형상화된다. 이른바 부정의 역설이라 할 것이다. 실제로 제주의 할머니들은 외지인이 다가가서 길을 묻거나 말을 걸면 거의 대부분이 "나는 모르쿠다."라고 대답한다. 이런 현상은 「알뜨르」에 그려진 '실어증의 바람'과 일맥상통한다고 볼 수 있다.

그래서일까, 제주 사람들은 "제주에는 4월이 지나야 봄이 온다"(「주정소의 봄」)라고 말한다. 4·3사건의 광풍은 씨족집단인 마을과 마을을 지키고 있는 팽나무, 심지어는 마을 밖의 봉분마저 비켜가지 않았다. 4·3사건의 난리통을 겪고도 살아남은 자리왓 마을이 지금은 인적이 끊겼다. 또 다른 의미의 4·3사건의 진통을 겪고 있는 것이다.

인기척 끊긴 마을
산담 너머 더욱 숨죽이는 목소리

누가 들을까 나부죽 엎드린 봉분들

— 「낭그늘, 둥글게 말아」 부분

자리왓 마을에는 "자식농사 풍년만 있느냐, 본전 까먹고 창고의 재고로 쌓인 딸년의 머리가 희끗해졌다고"(「올레」) 고백하는 외로운 어머니(아버지)가 계실 뿐이다. 대처로 떠난 자식들은 감감무소식이고 이제나 올까 저제나 다녀갈까, 올레 끝을 비뚜름히 내다보는 늙은 부모만이 쓸쓸히 등장한다.

자식새끼마저 깃들지 않는 올레가 무슨 소용이냐
괜히 올레 끝까지 불 밝히던 마지막 자리왓의 후예
어머니 따라 허정허정 떠나는 길
붉디붉은 땡볕 황토길
배웅 나온 팽나무
두 손 둥글게 둥글게 말아 아버지 머리에 월계관 씌워주었지

— 「낭그늘, 둥글게 말아」 부분

팽나무는 자리왓 마을의 마지막 생존자인 아버지의 상여를 멈추고 가지를 '둥글게 둥글게 말아' 아버지의 마지막 길에 월계관 같

은 그늘을 선물한다. 그다음에는 아버지의 등을 다독이는 장면이 선연히 그려질 것이다.

4. 그늘은 계속되고 있다 – 강정마을 해군기지

시인의 눈은 과거의 역사에만 머물지 않는다. 현재의 제주섬에서 일어나고 있는 일에도 민감한 촉수를 드러내고 있다.

> 누이야, 차라리 시집가버려라/ 호적을 갈퀴로 긁어가버려라/ 연분홍 꽃잎 흩날리던 서귀포 일강정,/ 서건도를 흑백 창살에 묻어두고 돌아보지 마라/ 썩어 문드러진 섬은 나 하나로 충분하다/ 삿된 곳으로 머리를 튼 까마귀 솟대의 동쪽/ 베갯머리송사로 벌인 광란의 4·3, 또다시 그날이 시작되는구나// (…)// 제발, 누이야/ 따뜻한 고향을 기억하며 살아다오/ 강정의 씨가 끊기지 않게 잠시만 멀리 떠나 있어다오/ 눈 밝은 강정, 눈물 마른 강정이 웃거든,/ 바람에 살포시 봄처녀로 돌아와다오/ 마늘밭에 엎디어 자울자울 졸고 있는 벙어리 마농꽃,/ 소라 고동 같은 빈집에 고운 눈시울로 볍씨를 뿌려다오
>
> —「우는 여인」 부분

강정마을의 해군기지 갈등은 현재 8년 가까이 진행되고 있다. 어떤 중대한 사안이 생길 때마다 정부는 주민들을 분열시키는 비열한 방법으로 단합을 저지해왔다. 강정마을은 현재 형제들이 제사를 같이 지내지 않을 정도로 풍비박산 났다.

> 식구마저 도란도란 밥상에 앉을 수 없는 세상/ 아우는 충혈된 방파제로 나를 가로막아 서는데/ 고향 옴팡밭에서 두 번 죽는 아버지, 장남이 할 수 있는 일이란 게/ 강정은 평화! 강정은 자유! 라고/ 외치는 종주먹뿐
>
> —「우는 여인」 부분

매우 아끼는 누이에게 잠시만이라도 강정마을을 떠나 있으라는 오빠의 말을 전언하는 시인의 말이 아프다. 어머니는 4·3사건 때 아버지가 희생된 마늘밭에서 흙을 일구고 계신다. 자식들을 키우려고 물질을 하느라 뇌선 중독에 걸렸지만, 그것보다 더 종주먹을 쥐게 만드는 것은 이른바 '충성의 총성' 이다. 아버지도 이 '충성의 총성' 때문에 돌아가셨다. 지금의 강정마을 문제도 시인이 볼 때는 '충성의 총성' 문제다. 아꼬운 누이를 떠나보내면서 강정마을에 평화가 오는 날, 봄처녀로 돌아오라는 오라비의 말이 비수로 꽂힌다.

그래도 어머니 산담 뒤 대나무만은 도도하다/ 만월滿月이 바람 든 땅의 주름으로 짓쳐 들어가 뿌리 다리던 곳/ 피부를 갖지 못한 검은 뼈들이 수런수런 청죽靑竹 되어/ 이재수의 난부터 강정까지/ 파도 절치는 만장으로 하늘을 휘가르고 있다

— 「빈집의 오르골」 부분

지금도 강정마을에 가보면 집집마다 청죽처럼 허리 곧은 대나무가 걸려 있다. 이 대나무를 베어온 곳은 4·3사건 때 잃어버린 마을인 영남리이다. 영남리에 발을 들인 시인은 그 대나무가 이재수의 난 때부터 지금의 강정마을까지 만장으로 사용되었다는 사실을 알게 된다. 만장이 무엇인가. 모든 집단적 행동의 심장과 정성을 대표하는 상징이 아닌가. 비록 잃어버린 마을로 전락했어도 영남리에서 키워진 대나무가 지금까지 민란의 상징인 만장으로 사용되고 있다는 사실이 의미심장하다. 영남리의 못다 한 말과 한恨이 강정마을로까지 이어진 것일까. 역사의 뒤통수에 내려치는 죽비소리다.

5. 김병심 시에 나타나는 제주섬의 아버지와 어머니

김병심 시에는 남성이 세상에 잘 적응하지 못하는 아버지 혹은 소외자, 아니면 약자의 모습으로 그려진다.

해마다 4월 3일이 되면 평화공원을 찾던 아버지. 희생자 위령탑에 새겨진 할머니 이름을 하얀 손수건으로 닦으며 몇 년 전 정성스레 담근 복분자 한 잔을 올려놓고 멍하니 하늘만 바라보던 아버지가 올해는 평화공원을 찾지 못하게 되었다. 병이 도져 공원에 가지 못해 조바심을 치던 아버지는 이윽고 할머니를 따라 '영영' 동백꽃으로 피었다 지고 말았다.(「애기동백」)

남성상은 또한 '노름꾼 남편' (「한경면 좌씨 할머니」)이나 '마당에 도화나무 심은 날부터 밤마다 녹차향에 홀려 세 번째 살림 얻고 사라진 아버지' (「주역을 펼쳐드니」)로 그려지기도 한다.

> 나 태우고 허랑하게 흘러다니던 오토바이 앞좌석
> 꼭 붙잡으라던
> 반질반질한 손잡이 같았던
> 그때도 저렇게 휘었었지, 아버지 등이
>
> —「배롱나무께 조아려」 부분

그렇다면 여성은 어떤가. 제주섬의 여성은 대부분 어머니 혹은 할망의 모습으로 나타난다. 제주에서 여자로 태어난 것은 축산이보다 못난 것, 돌밭에서 잔등이 맞고 구부정 허리 될 때까지 돌밭을 엉덩이로 길을 내는 할망의 운명과 같다.(「밖거리의 밥상」)

탐라의 어머니는 테우리로 탐라역사의 하루를 시작하여, "보리밥에 자리젓 없어" 물질을 나가고, 군역과 마을 대소사를 챙기고, 우영팟에 푸성귀를 심고, 자식을 위해 대학나무인 귤밭을 일굼으로써 탐라역사의 하루를 마무리한다. 그렇게 바쁜 어머니에게 단 하루도 편안히 안겨보지 못한 탐라의 아이는 어머니의 삶을 멀찌감치에서 조망하며 조금씩 자신도 탐라의 어머니가 됨을 깨닫고 있다.(「탐라의 아이」)

제주에 와서 살아봐야 안다
삼다三多에 남자가 많다는 것
남자보다 더 많은 어머니가
어머니보다 할망이 바다와 밭에 먼저 나앉아 돌이 된다는 것

싱싱한 횟감을 낚아 광질하며 마시는 아들
돗추렴에 넉둥배기로 밤새는 남편

육지 여자들 야반도주에 또 한잔, 자파리의 권당들
돌아오지 않는 저녁
어제 끓이고 그제 졸이던 밥과 국을 다시
데우며 혼자 먹는 할망이 있다

안거리 내주고 밥도 함께 먹지 않는 할망은
섬의 중심을,
한라산 용암도 씹을 수 있다
제주에선 할망이 돼야 어른이 된다

—「밖거리의 밥상」 부분

바로 이 지점에서 시인은 갈등을 내보인다. 탐라의 여인으로 살 것인가. 아니면 할망으로 살 것인가. 아니면 아직도 철모르고 해찰하다가 죽비를 맞는(「대나무꽃」) 철부지 계집아이로 머물 것인가.

그도 그럴 것이 시 곳곳에서 '~하기 싫을 때마다' 라는 표현이 목격되고 있다. 시인은 엄마가 되기 싫을 때마다 산담에 걸터앉아 아버지의 묘 옆에 심긴 배롱나무를 본다. 제주 현실에 부적응자였던 아버지는 어린 시절 시인을 오토바이 앞좌석에 태우고 허랑하게 흘러다녔다. 시인 자신과 마찬가지로 아버지도 그 당시 아버지가 되기 싫었을 수도 있겠다는 생각까지 상념은 가지를 뻗어 나간다.

시인은 아이를 낳거나 마흔이 되면 '저절로' 어른이 될 거라 생각했는데, 성장은 '저절로' 되는 것이 아니었다. 그때마다 시인은 아버지의 묘 옆에 심긴 배롱나무 가지를 어루만진다. 아버지가 되기 싫었던 아버지를 회상하며……. 그러면서 아버지가 아버지가 되는 순간 "속살대는 백일 꽃의 경經귀에 머리를 조아"렸다는 사실을 불현듯 깨닫는다. 그러나 시인은 여전히 배롱나무 가지를 어루만지고 있다.(「배롱나무께 조아려」) 시인은 자신이 가야 할 길을 너무도 잘 알고 있다.

6. 작금의 제주섬의 역사의식에 내리치는 통절한 죽비소리

김병심 시에 나타나는 제주역사에 대한 상상력과 재해석은 아주 탁월하고 독보적인 것이다. 제주시인의 시들이 대부분 일회적인 삼상이나 감정을 그리고 있는 반면에 김병심은 거기에다 눈에 보이는 듯한 회화성과, 스토리텔링의 상상력, 그리고 기발한 재해석을 가미한다.

산방산 왕후지지의 신화에서 상상력을 발휘한 「겨드랑이가 가려워」, 이중섭 초가에 들렀다가 해무海霧 만나 이중섭의 삶과 자신의 가족사를 교차시키고 마는 「나쁜 피」, 성읍 읍성을 지키는 돌하르방이 생것이었을 때 나는 숨 쉬고 살고 싶었다고 고백하는 「성읍, 지나가거든」 등이 그것이다.

한라산을/ 함부로 흙탕물 섞지 말고/ (……)/ 그대로 물려주는 거라/ 검은 흙 단단히/ 흙탕물 가라앉은, 할망

—「설문대 할망, 길게 누워 있는」 부분

자왈왓 일구당 용심낭 온 오라방 있거들랑/ 편 들어주라/ 백두에 목을 바치고 한라에 피를 묻엉 온 장두가/ 바당 속에 들어 왔걸랑/ 편안히 눈 감으랜 소리 한 자락 해주라

—「설문대 할망의 딸」 부분

칼은 베는 것이 아니라 살리는 것이라/ (…)/ 전복은 베는 것이 아니라 떼어내는 것이다 핏물을 받는 것이 아니라 바닷속에서 살아남은 생명을 살리는 둥근 칼이어야 한다/ (…)// 칼을 쓰되 해하지 말고, 바위에서 전복 떼어내듯이 보내는 것이라

—「인어의 눈물2」 부분

그렇지만 뭐니 뭐니 해도 김병심 제4시집 『신, 탐라순력도』의 최고 절창은 역시 「왕과 나」이다.

벚꽃 띄운 커피를 마시는 오후 세 시 삼성혈 돌담 지나 숨 고르다 보았지 꽃잎으로 글씨를 쓰던 사내 자전거 타고 돌하르방 빙빙 돌며 아쓱, 돌아간 정신으로 고래래 소리 지르던 사내 어째 탐라에서는 왕이 나지 않는가 왕의 씨는 어디로 사라졌는가 회개하라 탐라여

언젠가 또 만났지 걸머리마을 담벼락 따라 능소화 곱게 피던 날 귓속 가득 민생고 듣던, 배움이 짧아 소장訴狀 하나 제대로 쓸 수 없었던 사내 상찬계의 칼자루에 목이 꺾인, 장두가 될 뻔했던 그 사내 등소等訴 계획 반란으로 왜곡되어 자그마치 이백 년 동안이나 역적으로 평가받은 그 사내 지금 못다 쓴 소장 입안 가득 베어 물고 하늘을 바라보며 소리친다 흙의 나라는 언제 오는가

언젠가 한낮 오라오거리 태양을 품은 신호등에 갇혀 또 보았지 운전석으로 홍시 봉지 들이대던 붉은 눈을 가진 사내 신축 주유소에 자리 내준 상록장의사 앞마당 6호 고인돌에 묻혔던 그 사내 일어서 말한다 탐라의 영토가 이리도 좁단 말인가 조용히 안식을 누릴 공간도 없단

말인가

지금 어디를 들여다봐도 대륙을 풍미하던 말발굽 깨워 나라를 일으킬 자 없다 그 사내들 돌하르방이 되어 사진의 배경으로 전락한 지금, 탐라지묘에 앉아 잡초 낀 역사책을 뒤적이는 나는 독신으로 늙어가고 왕을 찾으러 떠난 자 영영 돌아오지 않는다

—「왕과 나」 전문

이 '왕과 나'는 최근 김병심 시인의 시 세계를 잘 보여주는 대표적인 작품이라 감히 단언할 수 있다. 앞에서 나열한 시들이 아마도 이 작품으로 결집되는 듯한 인상을 보이기도 한다. 맛깔난 호흡의 서사와, 눈앞에 그려지는 듯한 회화성까지 두루 갖춘 멋진 작품인 것이다.

시의 시작은 이렇다. 시인은 우연히 삼성혈에 들렀다가 한 사내를 목격한다. 이 사내는 사실 꽤 알려진 사람이다. 그는 제주시 곳곳에 자전거 타고 돌아다니며 '아쓱' 돌아간 정신으로 "어째서 탐라에는 왕이 나지 않는가" 외장치고 시위대처럼 사라진다. 워낙 게릴라 스타일로 출몰했다 사라지는 바람에 누구인지 알 도리가 없다.

시인의 상상력은 거기에서 훌쩍 뛰어넘어 걸머리 마을에 닿아 있다. 거기에서 양제해를 만난다. 양제해는 1813년 양제해 모변사로

알려진 사람이다. 몇 년 전 발간한 이강회의 『탐라직방설』(현행복 옮김, 도서출판 각, 2008)의 중심인물이다.

배움이 짧아 문장을 엮을 수 없었던 양제해는, 제주도의 비밀결사 조직 '상찬계'의 폐해 때문에 민란의 전 단계인 등소 모의를 하던 도중 소장을 쓸 만한 사람을 물색하자며 모임을 끝낸다. 그러나 '상찬계'가 고발하여 제주목사에 발각되어 살해당한다. 제주목사는 양제해를 장살한 장계를 올리게 되는데, 이때 민란이 아닌 반란(현대식으로 표현하면 쿠데타)으로 둔갑된다. 민란과 달리 모변, 병란, 반란, 쿠데타, 국가 전복기도 등은 모두 같은 의미로 쓰인다. 제주섬의 역사는 이미 '양제해 모변사건'에서 '모변'이라는 단어를 채택함으로써 양제해 민란을 무려 200년 동안이나 왜곡했다.

시인의 눈은 다시 현실로 돌아온다. 초겨울 한낮 오라오거리. 신호에 걸려 대기 중인 운전자들에게 홍시 봉지 들이밀던 붉은 눈의 사내. 그는 상록장의사 앞마당 6호 고인돌의 주인이다. 고인돌은 실제로 제주특별자치도 기념물 제2-6호로, 용담지석묘 6호로 불리며 제주시 용담2동 2623-1번지에 위치해 있다. 경기가 안 좋아지고 살기가 팍팍해져서인지 고인돌의 주인마저 무덤에서 뛰쳐나와 생업전선에 뛰어들었다. 그도 그럴 만한 것이, 그가 수천 년 동안 누워 있던 고인돌이 신축 주유소에 의해 자꾸 침범이 되는 위기를 겪고 있는 상황이다. 위협을 느낀 붉은 눈의 사내가 홍시를 팔아 자신의 무덤자리를 장만하려고 한 것일까. 그 사내가 말한다. "탐라의 영토가 이리도 좁단 말인가. 조용히 안식을 누릴 공간도 없단 말인가." 가히 기발한 상상력이라 아니할 수 없다.

시인은 양제해와 용담지석묘 6호 주인을 끌어들이며, 현재 제주도사람들이 역사에 대한 경외심이 없음을 탄식한다. 오래된 것과 역사에 대한 경외심, 그것이 현재에는 보이지 않는 것이다. 다들 내전內戰을 하듯 아전인수식으로 역사를 해석하고, 황금만능주의에 의해 문화재가 내몰리는 상황. 이러한 현실에서는 4연에서 그리듯, 제주섬의 장두들이자 진취적인 사내들로 제주역사를 상징하는 돌하르방이 기껏 '사진의 배경'으로 전락하여 웃음 팔아 근근이 입에 풀칠을 할 수밖에 없다. 나(시인)는 "탐라지묘에 앉아 잡초 낀 역사책을 뒤적이며 독신으로 늙어가고 왕을 찾으러 떠난 자 영영 돌아" 올 기미를 보이지 않는다.

얼핏 읽으면 좌절과 허무의 역사 인식으로 읽힐 수도 있다. 하지만 이 시는 제주도사람들의 얄팍한 역사의식에 내려치는 준엄한 죽비이며, 단언컨대 절실하고도 절박하게 일침을 가하는 소리 없는 포효다.

7. 자존감에 대한 개방성 혹은 유연함

『신, 탐라순력도』는 누군가 혹 제주의 자연과 문화유산, 그리고 역사에 대한 시를 읽고 싶다면 단연코 추천되어야 할 시집임에 분명하다. 다들 말한다. 제주의 자연이 아름답다고. 아름다워서 절로 노래가 나온다고. 그래서 제주섬에 시인이 많은 거라고. 그러나 이 아름다운 제주의 자연을 자기 것으로 내면화한 작품은 많지 않아 보인다. 관광해설사 같은 어조의 작품, 관조 혹은 여가적인 작품은 많아도.

김병심은 이러한 시적 기류(제주도 안의)에 상상력을 공글려 넣음으로써 새로운 성취에 이르고 있다. 그것은 자존감에 대한 개방성 혹은 유연함에서 기인한 것이다.

> 탐라를 고려에게서 떼어낸/ 처음부터 나는 몽골 여자/ 내 나라가 두 외세에게 얻어 온/ 항파두리성에서 태어난 목호의 딸일 거야/ (……)// 속이 마를수록 깊어지는 까만 눈은/ 어쩌지 못하는 베트남 여자/ 아버지의 포화 속에서 얻어 온/ 태극무궁훈장은 베트콩이 발화한 씨앗일지 몰라/ 다낭의 항구에서 푸른 비늘의 용이 낳은 알 중에/ 차마 버릴 수 없었던 아버지의 왼쪽 눈알에/ 박힌 탄피일 거야
>
> —「불투명한 언어」 부분

시인는 이렇게 고백하고 있다. 피에 대한 정통성을 고집하고 있지 않는 것이다. 이는 앞으로 펼쳐질 유연한 상상력의 원천이자 원동력이 된다. 시집에서 시인은 커다란 회오리 사탕을 양손에 들고 지꺼진 계집아이나, 한복 곱게 차려입고 남몰래 님을 그리는 비밀스런 여인, 허랑한 아버지의 오토바이에서 아버지의 등 암팡지게 붙안고 있는 계집아이, 혹은 아이에게 선조로부터 물려받은 지혜를 가르치는 맵짠 어머니, 혹은 역사에 일갈을 가하는 여장수 등으로 끊임없이 변신을 시도한다.

이 시집의 전체에 흐르는 상상력의 역동성은 바로 이러한 존재감의 유연함에서 기인한다. 언제든지 「나쁜 피」에 나오는 시어처럼 '나쁜 피' 나 '좋은 피' 로 변신할 수 있는 것이다.

> 아버지, 다음은 어떤 피로 낳아드릴까요
>
> —「불투명한 언어」 부분

8. 다리품과 빛나는 상상력이 빚어낸 산물

김병심은 이번 시집에서 한 땀 한 땀 상상력의 바느질로 역사를 살아 움직이게 하고, 경쾌한 호흡의 문장으로 거대 서사의 세계를 흥미롭게 풀어내고 있다. 초기작인 「발해를 꿈꾸며」에서 보듯, 역사 앞에서 불투명한 언어인 시의 뼈대를 잃지 않고 부지런히 부딪히고 다리품을 팔면서 시적 낭만을 즐기고 있다.

시인의 시 세계는 아직도 미개척지대가 많을 것으로 보인다. 이 욕심 많고 야심찬 시인이 시나 역사나 사물을 대하는 태도는 신새벽 서기瑞氣처럼 시집 곳곳에 서려 있다. 그 결연한 시적 여행은 끝이 보이지 않을 만큼 웅숭깊어 보인다.

> 당신이 오신다는 소식에/ 조천포구로 달려가다가 문득,/ 여기 남몰래 섰지요/ 나를 찾을까 하는 마음으로 섰다가/ 나를 잊었나 조바심으로 돌아섰지요/ 손잡고 웃고 있는 누군가와 함께 올까/ 포구가 보이는 울둘목에서 샴쌍둥이가 갯바위로 솟고/ 강진에서부터 당신 소식 실어온 사금파리 한 조각/ 무둑한 사랑을 흔들며/ 나를 묶어 놓는 정표/ 마냥 뾰족한 거울 가루의 포말/ 물에 잠긴 발톱 끝/ 시린 사랑이 몸을 끌고/ 아직, 몰래 기다리는 물코 버선
>
> —「관곶」 전문

목탁소리가 하늘을 가로지르면/ 그대 붉게 살찌던, 그해 가을/ 낙엽처럼 차곡차곡 쌓인 사랑한다던/ 말과 글자 속살속살/ 몰려들어 낙엽속에서 뿌리를 다린다/ 사랑 깃들지 않아 입을 다문 나를 보시하듯/ 합장한 나무들까지 그렇게 숨을 죽이고 있다// 열반에 든 그리움의 詩 애가 탄다

—「구상나무를 보내며」 부분

하마 인생이 그런 것이려나
흰 눈(雪) 찢으며 초록으로 돋는 시여,
봄날만 같아라

—「눈물을 마시는 새」 부분